1969（昭和44）年11月竣工の3000系３次車3620と阪神の赤胴車特急が須磨浦公園で顔を合わす。神戸高速鉄道東西線の開通で阪急・阪神との相互直通運転が開始。須磨浦公園駅はその折り返し駅となった。阪神赤胴車に阪神梅田～須磨浦公園の行先表示が掲げられている。◎須磨浦公園　1973（昭和48）年12月11日　撮影：荒川好夫（RGG）

山陽電鉄の年表

1906（明治39）年3月5日	兵庫電気鉄道（後の兵庫電気軌道）が兵庫～明石間の軌道敷設特許を出願し、11月20日に特許が交付される。
1907（明治40）年7月2日	会社名を兵庫電気軌道（兵庫電軌）として、創立総会を開催する。
1910（明治43）年3月15日	兵庫電軌が兵庫（後の電鉄兵庫）～須磨（現・山陽須磨）間を開業させる。
1910（明治43）年7月3日	旅客誘致のため、兵庫電軌が須磨浦海水浴場を開設。
1912（明治45）年7月11日	須磨～一ノ谷（後に廃止）間が延伸開業。
1913（大正2）年5月11日	一ノ谷～塩屋（現・山陽塩屋）間が延伸開業。
1913（大正2）年5月26日	兵庫と西須磨とを海岸沿いに結ぶ海岸支線の特許を、兵庫電軌が取得。
1913（大正2）年6月1日	塩屋と淡路島（岩屋、東浦、西浦）とを結ぶ航路と連絡運輸を兵庫電軌が開始。
1913（大正2）年7月9日	境浜海水浴場と、夏季のみの臨時駅として境浜駅を兵庫電軌が開設。
1917（大正6）年4月12日	塩屋～明石駅前（後に廃止）～明石（後に廃止）間が延伸開業し、兵庫電軌が全通。
1917（大正6）年5月22日	明石～姫路間の電気鉄道敷設免許を明姫電気鉄道が出願。
1920（大正9）年1月6日	神明急行電鉄が、神戸～明石間の電気鉄道敷設免許を出願。
1920（大正9）年7月6日	明石電灯の電気事業権、電気工作物を兵庫電軌が買収し、電気事業の直営を開始。
1920（大正9）年12月22日	神戸～明石間の免許を神明急行電鉄が取得。翌年11月９日には免許を明姫電気鉄道へ譲渡。
1921（大正10）年12月23日	明姫電気鉄道が神戸姫路電気鉄道（神姫電鉄）に改称。
1923（大正12）年8月19日	神姫電鉄の明石駅前（現・山陽明石）～姫路駅前（現・山陽姫路）間が全線複線、1500Vで開業。
1923（大正12）年11月1日	明石～姫路間を45分で結ぶ急行運転を神姫電鉄が開始。
1924（大正13）年2月1日	兵庫電軌と神姫電鉄が連絡運輸を開始する。
1927（昭和2）年1月1日	宇治川電気が兵庫電軌を合併し、同社電鉄部として発足。４月１日には神姫電鉄も合併。
1927（昭和2）年12月6日	軌道線（旧兵庫電軌）の明石駅前駅から鉄道線（旧神姫電鉄）への連絡線を敷設し、明石駅前駅に乗り換え用の乗降場を新設。
1928（昭和3）年8月26日	軌道線600Vと鉄道線1500Vの電圧切り換えポイントが明石駅前に設置。新造の複電圧車51形による兵庫～姫路駅前間の直通運転が開始。急行での所要時間は86分。
1928（昭和3）年12月8日	山田（現・西舞子）～大蔵谷間が専用軌道化。
1931（昭和6）年12月23日	大蔵谷～明石駅前間が専用軌道化。併せて明石駅前駅が旧神姫電鉄の明石駅前駅跡地に移設（現在の山陽明石駅）。旧兵庫電軌の明石駅前～明石間が廃止。
1932（昭和7）年10月28日	宇治川電気の株主総会で、新たに山陽電気鉄道を設立して電鉄部を譲渡することを決議。
1932（昭和7）年12月10日	旧東塩屋（前日に廃止）～東垂水間が専用軌道化。塩屋～明石間が専用軌道に。
1933（昭和8）年6月6日	山陽電気鉄道（山陽）が設立され、宇治川電気の電鉄事業を引き継いで営業を開始。
1934（昭和9）年9月18日	兵庫～姫路駅前間で特急運転を開始。所要時間は特急70分、急行77分。
1936（昭和11）年6月25日	電鉄飾磨（現・飾磨）～那波町（現在のJR山陽本線相生駅）間の地方鉄道敷設免許を出願。
1937（昭和12）年5月25日	電鉄飾磨～網干間（網干線）の免許が交付。
1940（昭和15）年10月15日	網干線の電鉄飾磨～夢前川間が開業。
1940（昭和15）年12月23日	網干線の夢前川～日鉄前（仮駅。現・広畑）間が延伸開業。
1941（昭和16）年4月27日	網干線の広畑～電鉄天満（現・山陽天満）間が延伸開業。
1941（昭和16）年7月6日	電鉄天満～電鉄網干（現・山陽網干）間が延伸開業し、網干線が全通。姫路駅前～電鉄網干間で直通運転開始。
1943（昭和18）年4月	須磨寺～境川間の専用軌道化に着手。
1943（昭和18）年11月20日	兵庫、須磨、塩屋、垂水の各駅が「電鉄〇〇」に、明石駅前が電鉄明石に、姫路駅前が電鉄姫路に駅名改称。

1944(昭和19)年4月20日	戦局の悪化により特急運転が中止となる。
1945(昭和20)年1月19日	空襲により電鉄林崎～藤江間が不通。以降、終戦までに４度の空襲を受けて大きな被害が発生。
1945(昭和20)年7月20日	敦盛塚駅、魚住駅が営業休止。手柄駅が廃止。
1945(昭和20)年9月18日	暴風雨により電鉄兵庫～電鉄須磨間が約１週間不通。
1945(昭和20)年10月9日	豪雨により明石川橋梁が流失。その他、各地で被害が発生し、全線復旧まで２か月を要する。
1946(昭和21)年2月6日	須磨寺～境川間の軌道移設工事が完了。
1947(昭和22)年1月10日	電鉄兵庫～電鉄姫路間の直通運転が再開する。
1947(昭和22)年5月10日	電鉄姫路～電鉄網干間で、運輸省規格の大型車両モハ63形(800系→後の700形)が運転開始。
1947(昭和22)年10月1日	須磨浦公園駅が臨時駅として開業(翌年９月30日に移設のうえ本駅に昇格)
1948(昭和23)年3月1日	電鉄須磨～電鉄明石間が1500Vに昇圧。小型の複電圧車200形100番台により電鉄兵庫～電鉄姫路間を90分で結ぶ急行運転が再開。
1948(昭和23)年10月21日	電鉄兵庫～電鉄須磨間が1500Vに昇圧。全線が1500Vに統一される。
1949(昭和24)年4月15日	820形「ロマンスカー」の登場により、特急運転が再開。１時間ごとで運転し、電鉄兵庫～電鉄姫路間を75分で結ぶ。
1953(昭和28)年7月1日	電鉄姫路駅前に山陽百貨店が開店する。
1953(昭和28)年10月1日	特急が30分ごとに増発され、電鉄兵庫～電鉄姫路間の所要時間が特急66分に短縮。
1954(昭和29)年4月20日	電鉄姫路駅が高架化される。
1956(昭和31)年6月1日	2000系高性能車両が完成する。
1957(昭和32)年9月18日	須磨浦ロープウェイの営業開始に伴い、須磨浦公園駅が現在地に移設。
1958(昭和33)年10月2日	神戸高速鉄道が設立される。
1959(昭和34)年7月24日	鉢伏山・旗振山に須磨浦山上遊園が開設。
1961(昭和36)年3月22日	網干線の一部列車で３両編成が運転を開始。
1961(昭和36)年10月9日	すべての特急が３両編成となる。
1962(昭和37)年5月28日	アルミ車両2000系が完成する。
1962(昭和37)年12月6日	急行の一部列車で３両編成が運転を開始。
1964(昭和39)年12月	3000系アルミ車両が完成。翌年６月に鉄道友の会ローレル賞を受賞。
1966(昭和41)年7月10日	東二見車庫が新設される。
1968(昭和43)年4月7日	神戸高速鉄道(神戸高速線)が開業し、山陽と京阪神急行電鉄(現・阪急電鉄)・阪神電気鉄道との相互直通運転が開始。電鉄兵庫～西代間が廃止。
1970(昭和45)年10月1日	自動券売機が13駅で導入開始。
1970(昭和45)年12月14日	特急と、阪急・阪神からの須磨浦公園行き列車が増発。特急は日中20分ごとの運転となる。
1971(昭和46)年3月15日	本線でATS(自動列車停止装置)の設置が完了。
1974(昭和49)年12月1日	特急の最高時速が85㎞から90㎞に引き上げられる。
1978(昭和53)年7月2日	東須磨車庫が新設され、西代車庫が廃止。
1982(昭和57)年9月16日	板宿駅付近の地下化工事に着工。
1984(昭和59)年3月25日	本線で時速100㎞運転が開始。特急が増発されて日中15分ごととなり、急行が廃止。
1984(昭和59)年11月1日	自動改札機の使用が開始(８駅27台)
1986(昭和61)年7月10日	5000系が営業運転を開始する。
1986(昭和61)年7月15日	電車の車体色の塗り替えが開始。
1987(昭和62)年12月13日	通勤特急が新設される。
1988(昭和63)年4月1日	神戸高速線での第２種鉄道事業が開始。
1990(平成2)年6月28日	5000系自動転換クロスシート車が運転開始。電車の冷房化率が100％となる。
1991(平成3)年4月3日	大蔵谷～西新町間の高架化が完成。人丸前、電鉄明石が高架駅となる。
1991(平成3)年4月7日	特急の６両編成、時速110㎞運転が開始。通勤特急がＳ特急に改称。電鉄網干～電鉄姫路間の直通運転が中止。

1991(平成3)年4月7日	「電鉄〇〇」駅が「山陽〇〇」駅に改称。別府、高砂、飾磨、亀山の各駅は「電鉄」の冠称が廃止。
1995(平成7)年1月17日	阪神・淡路大震災により全線で運休。
1995(平成7)年1月18日	山陽明石以西で運転再開。
1995(平成7)年2月21日	東須磨〜須磨寺間が復旧。折り返し運転開始。
1995(平成7)年3月24日	板宿〜東須磨間が地下化されて営業再開。
1995(平成7)年6月16日	須磨浦公園〜滝の茶屋間が復旧し、板宿〜山陽姫路間の運転が再開。網干線でワンマン運転開始。
1995(平成7)年6月18日	西代〜板宿間が地下化されて営業再開。全線復旧。
1995(平成7)年8月13日	神戸高速線が全線復旧し、阪神・阪急との相互直通運転が再開。
1997(平成9)年7月24日	5030系VVVF車両が営業運転を開始する。
1998(平成10)年2月15日	阪神梅田〜山陽姫路間で直通特急が運転開始。阪急との相互直通運転が休止。
2001(平成13)年3月10日	直通特急を大幅に増発。すべての直通特急・特急が6両編成となる。
2006(平成18)年3月27日	手柄〜山陽姫路間が新線に切り替え。
2008(平成20)年4月14日	平日朝夕ラッシュ時に直通特急の一部が荒井に停車するようになる。
2009(平成21)年3月20日	直通特急の停車駅に月見山が追加。
2010(平成22)年10月1日	神戸高速線での第2種鉄道事業が廃止。
2014(平成26)年3月21日	全国各地のIC乗車カードが利用可能になる。
2014(平成26)年4月1日	全駅に駅ナンバリングを導入する。
2016(平成28)年4月27日	6000系電車が営業運転を開始する。
2019(平成31)年2月28日	3200系電車が引退。

神戸電鉄の年表

1915(大正4)年4月16日	有馬鉄道(後の国鉄有馬線)が三田〜有馬間で開業。鉄道院が借り上げて営業を開始。
1922(大正11)年11月18日	有馬電気鉄道が神戸〜有馬間の鉄道敷設免許を出願し、翌年6月18日に免許が交付される。
1924(大正13)年6月1日	有馬電気鉄道が神戸有馬電気鉄道(神有)に社名変更。
1926(大正15)年5月15日	三田〜唐櫃(現在の有馬口駅付近)間の鉄道敷設免許を神有が出願。
1927(昭和2)年1月20日	小部(現在の鈴蘭台駅付近)〜三木間の鉄道敷設免許を神有が出願。
1927(昭和2)年5月	湊川〜有馬間が着工する。
1928(昭和3)年7月4日	小部〜三木間(三木線)の免許が交付される。
1928(昭和3)年11月26日	小部に車両修理工場、検車庫が開設される。
1928(昭和3)年11月28日	湊川〜有馬温泉間の有馬線が開業。小部(現・鈴蘭台)、谷上などの駅が開業。
1928(昭和3)年12月18日	唐櫃(現・有馬口)〜三田間の三田線が開業する。
1929(昭和4)年8月	座敷タイプの展望車・テン1形が営業開始。
1932(昭和7)年8月1日	小部駅が鈴蘭台駅に改称される。
1935(昭和10)年3月8日	峠信号所が駅に昇格し、山の街駅として開業。
1936(昭和11)年6月29日	三木線建設を担う三木電気鉄道の創立総会が開催される。
1936(昭和11)年8月11日	三木線が着工する。
1936(昭和11)年12月28日	三木電気鉄道による三木線の鈴蘭台〜広野ゴルフ場前間が開業。広野野球場前(現・緑が丘)駅などが開業。ガソリンカーで営業を開始。
1937(昭和12)年4月15日	三木線で電車運転が開始される。
1937(昭和12)年9月16日	三木電気鉄道が三木〜粟生間の免許を出願する。
1937(昭和12)年12月28日	三木線の広野ゴルフ場前〜三木東口(現・三木上の丸)間が延伸開業。
1938(昭和13)年1月28日	三木線の三木東口〜三木福有橋(現・三木)間が延伸開業。
1947(昭和22)年1月9日	神有が三木電気鉄道を合併し、神有三木電気鉄道に改称する。

1948(昭和23)年1月28日	湊川～国鉄神戸駅間の高架鉄道敷設免許を出願。
1949(昭和24)年4月30日	神有三木電気鉄道から神戸電気鉄道(神鉄)に改称。
1951(昭和26)年12月28日	三木線の三木福有橋～電鉄小野間が延伸開業。
1952(昭和27)年4月10日	電鉄小野～粟生間が延伸開業して鈴蘭台～粟生間が全通。三木線から粟生線に改称。
1958(昭和33)年10月2日	神戸市、神鉄、阪急、阪神、山陽電鉄などが共同出資した神戸高速鉄道が設立。
1960(昭和35)年8月27日	神鉄初の大型車デ300形が完成する。
1961(昭和36)年5月25日	京阪神急行電鉄(阪急)との事業提携が開始。
1965(昭和40)年11月25日	湊川～新開地間の免許を神戸高速鉄道に譲渡。
1966(昭和41)年4月1日	有馬線で急行運転が開始される。
1966(昭和41)年4月18日	粟生線で3両編成が運転を開始する。
1968(昭和43)年3月8日	湊川～長田間上り線からATS(自動列車停止装置)の設置を開始。
1968(昭和43)年4月6日	湊川駅付近が地下化される。
1968(昭和43)年4月7日	湊川～新開地間の神戸高速鉄道南北線(神戸高速線)が開業し、神鉄が乗り入れ開始。
1968(昭和43)年10月10日	三田線で3両編成が運転を開始する。
1970(昭和45)年3月31日	鈴蘭台に新しい車両工場、検車庫が完成。
1973(昭和48)年3月4日	有馬線で4両編成の通勤急行が運転を開始。
1973(昭和48)年10月1日	3000系4両固定編成が運転を開始。
1974(昭和49)年4月5日	粟生線の鈴蘭台～押部谷間で4両編成が運転を開始。
1975(昭和50)年6月15日	三田線の有馬口～岡場間で4両編成が運転を開始。
1978(昭和53)年11月12日	新開地～志染間で5両編成が運転を開始。
1978(昭和53)年11月	兵庫県、住宅公団(当時)などが、北摂ニュータウンへの鉄道として横山からニュータウンに至るルートを策定。
1979(昭和54)年10月29日	神鉄、阪急などの出資により北神急行電鉄が設立。
1983(昭和58)年6月17日	神戸市営地下鉄(山手線)が延伸開業し、湊川駅が地下鉄湊川公園駅と接続。
1987(昭和62)年12月23日	公園都市線が着工。電鉄横山(現・横山)～三田間の複線化工事にも着手する。
1988(昭和63)年4月1日	神戸電気鉄道から神戸電鉄(神鉄)に社名変更。駅名の「電鉄○○」の冠称が廃止。神戸高速線での第2種鉄道事業が開始。
1988(昭和63)年4月2日	北神急行電鉄の開業に伴うダイヤ改定。全線の最高速度を時速60㎞から70㎞へ引き上げ。新開地～三田間で特急が運転を開始。
1991(平成3)年10月28日	公園都市線の横山～フラワータウン間が開業。新型の2000系によるワンマン運転が開始。
1994(平成6)年6月10日	神鉄初のVVVF車両5000系が運転を開始。
1995(平成7)年1月17日	阪神・淡路大震災による被害で全線運休。19日から、新開地～鈴蘭台間と有馬口～有馬温泉間を除いて運転再開。
1995(平成7)年11月26日	三田発新開地行きの特快速が運転開始。公園都市線の最高時速が80㎞に引き上げ。
1996(平成8)年3月28日	公園都市線のフラワータウン～ウッディタウン中央間が延伸開業。南ウッディタウン駅が開業。
1998(平成10)年3月22日	岡場～谷上間で最高時速が80㎞に引き上げ。三田線の特急、粟生線の快速が廃止。
2001(平成13)年6月23日	粟生線全線で4両編成が運転開始。有馬口～有馬温泉間でワンマン運転を開始。
2001(平成13)年6月23日	谷上駅で北神急行電鉄と同一ホームでの乗り換えが可能となる。
2004(平成16)年1月11日	新開地～粟生間でワンマン運転を開始。
2005(平成17)年3月26日	菊水山駅が休止となる。
2005(平成17)年6月1日	5両編成を除いて全線でワンマン運転を開始。
2008(平成20)年6月4日	最新形式の6000系が運転を開始。
2009(平成21)年3月20日	粟生線で快速が復活。朝ラッシュ時に運用されていた5両編成を廃止し、終日4両となる。
2014(平成26)年4月1日	全駅に駅ナンバリングを導入する。
2015(平成27)年3月3日	全国各地のIC乗車カードが利用可能になる。
2020(令和2)年6月1日	神戸市営地下鉄北神線(同日付で北神急行電鉄より移管)の運行業務を神戸市交通局から受託開始。

＊山陽電鉄、神戸電鉄の年表は各種資料をもとに編集部にて作成。

山陽電鉄の沿線

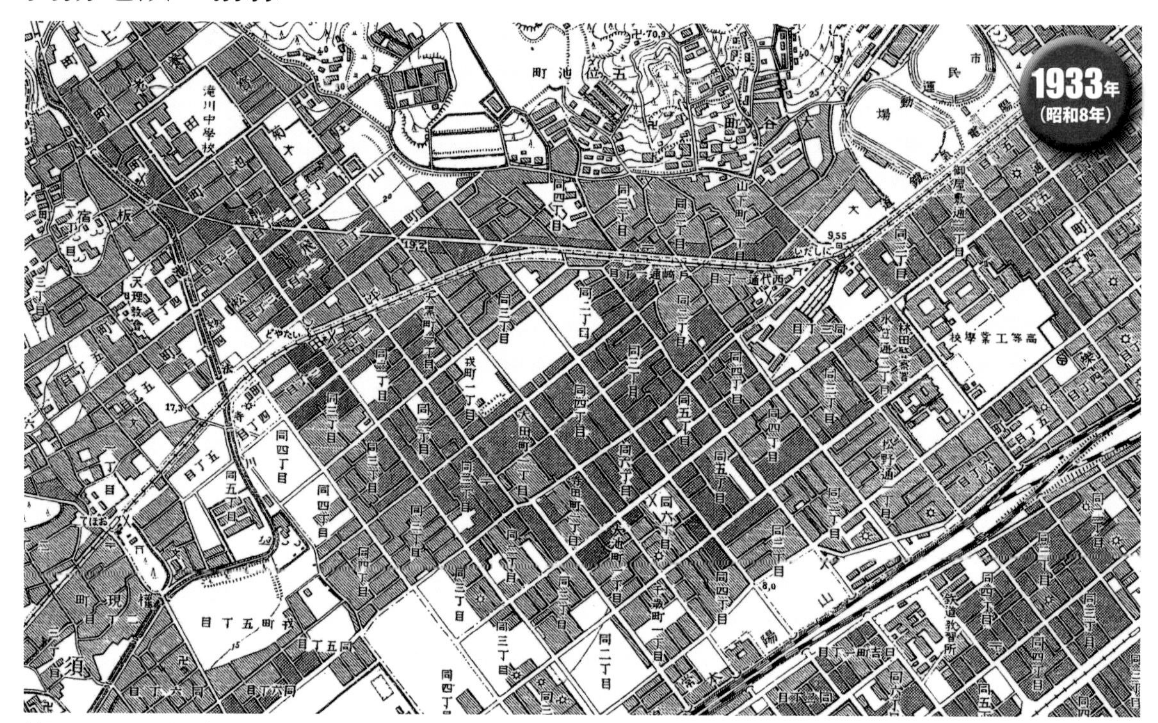

地図は1932(昭和7)年測量で1935(昭和10)年発行。測量時点では宇治川電気だったが、地図を見ると1933（昭和８）年に宇治川電気から分離して設立された山陽電気鉄道の名が記されている。地図右側、長田から南西へ向かう路線がくの字型になるあたりが西代駅と西代車庫。地図に車庫の敷地が描かれている。車庫跡地は山陽電気鉄道本社ビルになっている。西代駅から西へ進み、南側へ折れた先が板宿駅である。

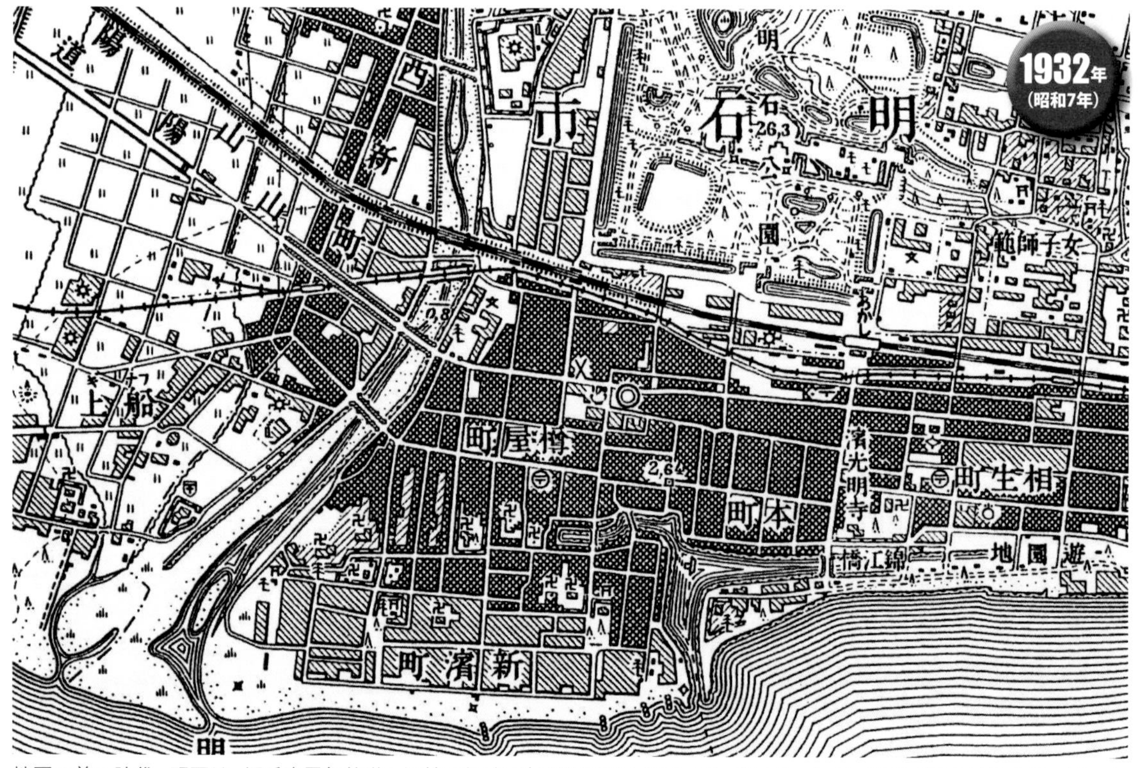

地図の前の時代、明石は、旧兵庫電気軌道と旧神戸姫路電気鉄道の駅が別々の場所にあったが、地図の時代は統合後の姿。左に目を移すと、西新町駅や駅隣接の明石車庫、明石車両工場が見られる。

高砂の市街地表示の上で線路が分岐するあたりに電鉄高砂駅がある。駅名は大正時代に高砂町駅から電鉄高砂駅へ改称している。下の線路は地図に播州鉄道とあるが、1929（昭和４）年測量だと、すでに播丹鉄道時代だ。後の国鉄高砂線で市街地の西を抜けていく。

網干線の地図。右側から電鉄天満、平松、電鉄網干の順。電鉄天満駅（現・山陽天満駅）までは1941（昭和16）年４月、電鉄網干駅（現・山陽網干駅）までは同年７月に開業。間の平松駅は1942（昭和17）年３月に新設された。網干から先の鉄道敷設免許を得たが延伸していない。

神戸電鉄の沿線

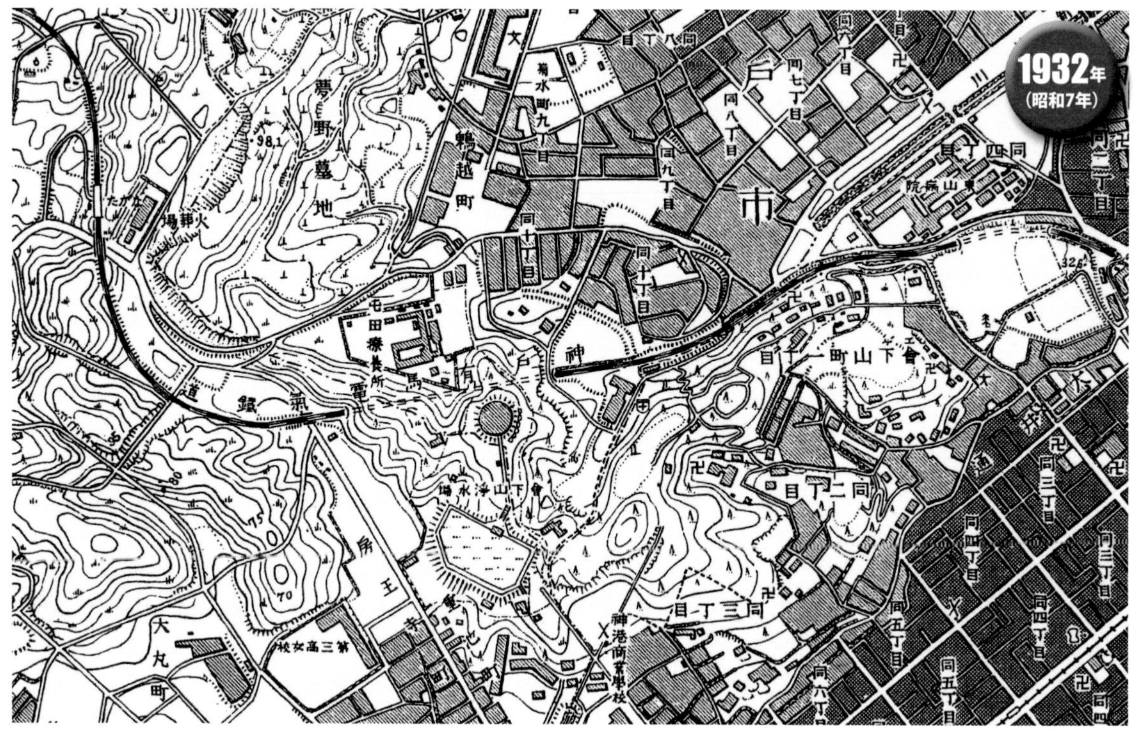

右側が湊川駅方面。半地下構造の駅から地上へ出る雰囲気がわかる。そして地図左側で大きくカーブを描きながら山岳地へ入っていく。地図には神戸有馬電気鉄道の名が見られる。

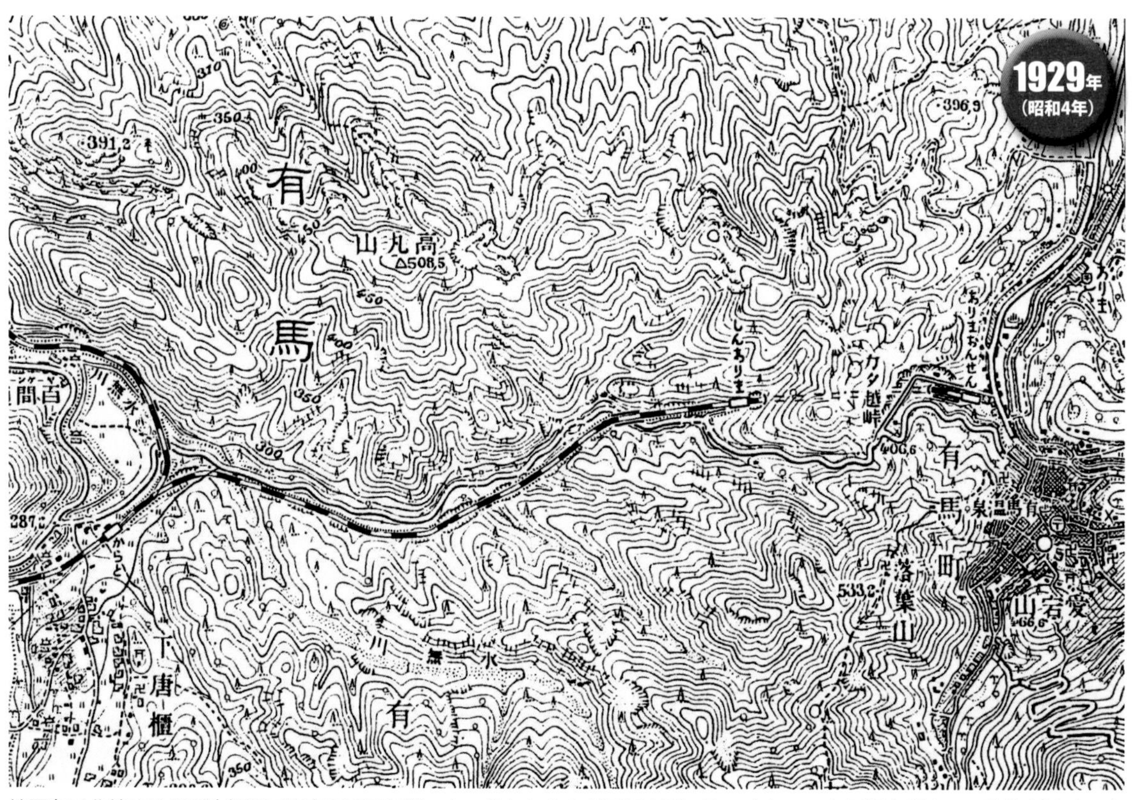

地図左で分岐する駅が唐櫃駅で現在の有馬口駅。左へ分かれるのが三田方面。東へ向かって有馬温泉駅までの路線が続く。当時すでに電鉄有馬駅から有馬温泉駅へ改称していたことがわかる。同駅の隣駅として新有馬駅があった。

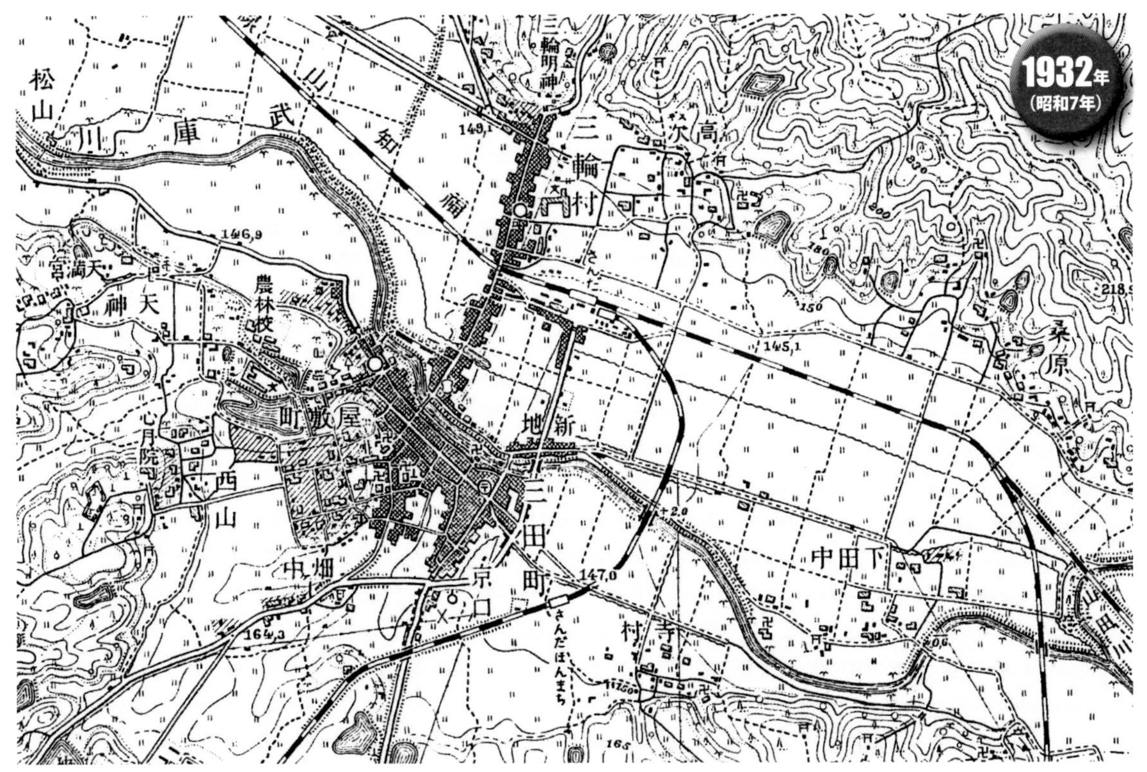

三田本町駅（下）と三田駅（上）。当時の三田駅は三輪町に所在し、三田町（後の三田市）には無かった。1932（昭和７）年の地図ということだが、すでに三輪町になっているのに三輪村のままになっている。三輪町は後に三田町などと合併し、新生の三田町が誕生。駅名と町名が一致するようになった。福知山線の右で合流するのは、当時の鉄道省有馬線である。

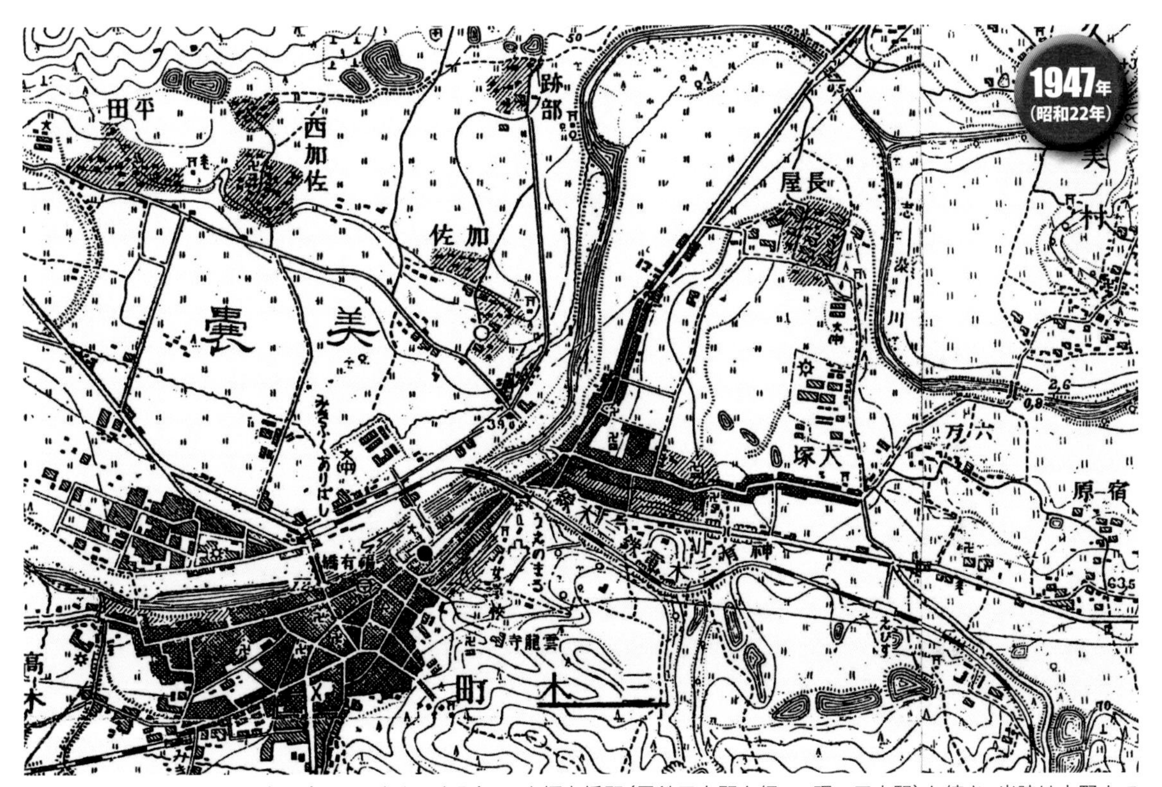

地図右から恵比須駅、上の丸駅（現・三木上の丸駅）、三木福有橋駅（電鉄三木駅を経て、現・三木駅）と続き、当時は小野まで開業していなかった。上の丸駅は三木城址の最寄り駅。社名が変わった当時で、地図にも神有三木電気鉄道の名が見られる。市街地南西の端に位置するのは三木線と三木駅。国鉄から第三セクターとなったが廃線になっている。

はじめに

関西の準大手と元準大手の競演である。かつての私鉄王国関西にあって、大手の毛色を導入しつつも、おのおの独自性を持った魅力を放ってきた。

山陽電気鉄道は、旧兵庫電気軌道と旧神戸姫路電気鉄道を合併した宇治川電気（以下、宇治電）から分離し設立された。前身の宇治電時代に何と言っても旧両社の路線を明石で結び付けたことが大きい。それが兵庫～姫路間の直通運転開始となった。私鉄が大きく成長するには、屈指の大都市と直結することが必須条件だ。神戸電鉄は、神戸有馬電気鉄道として開業し、神戸市に所在する湊川駅を起点駅にして開業した。

ともに神戸である。この大都市無くして両社の発展は無かった。山陽電気鉄道は電鉄兵庫駅がかつての神戸側ターミナル駅だった。山陽電気鉄道、神戸電気鉄道（現・神戸電鉄）ともに、かつての行先表示には、ターミナル駅の駅名ではなく、神戸と誇り高く記されていた。両社の沿線風景は異なり、山陽電気鉄道は東から西へ向かって海沿いや工業地帯、神戸電気鉄道（現・神戸電鉄）は南から北へ向かって山岳路線やニュータウン。方角や沿線の特徴は異なるが、神戸を核にして成長してきた共通点を持つ。

そして、神戸高速鉄道の開業。山陽電気鉄道は神戸高速鉄道東西線の開通で、阪急・阪神との相互直通運転を開始し、区間限定ながら大阪と直結した。その後、梅田～姫路間の直通特急を運転開始。神戸電気鉄道（現・神戸電鉄）も神戸高速鉄道南北線開通によって、阪急・阪神・山陽が乗り入れる神戸高速鉄道新開地駅まで直通運転を開始。神戸市の山側、鈴蘭台が同市兵庫区から北区へ分区するほどの人口増加をもたらした。

現在、関西の人口は東京とは異なり減少時代に入った。神戸電鉄では高速路線バスの影響もあって粟生線の存続廃止問題が浮上している。山陽電気鉄道や神戸電鉄にとって、もはや大都市直結だけでは成長できない時代に突入した。しかし、大都市と直結していたおかげでローカル私鉄とは異なった規模を築いた両社。両社の車両変遷を見ていても、大都市と直結するがゆえの需要変化に応じた様々な車両が登場してきた。それらは沿線の発展や移り変わりと呼応しており、昔日の写真と解説で振り返ることができるのが本書の強みである。

2021年５月　辻 良樹

1章

カラーフィルムで記録された 山陽電鉄

WNドライブを採用し、山陽電鉄における高性能車の幕開けを飾った2000系。写真右側の2000系2009は普通鋼製の３次車で非貫通３枚窓がスマート。一方の左側は2000系４次車スキンステンレスカーの2011。2000系の共演で、ともに特急種別板を掲げて誇らしい。◎電鉄須磨　1961（昭和36）年２月　撮影：野口昭雄

270形と呼ばれた250形の後期タイプで、写真の先頭車は270形289。270形と通称したのは、先に登場の250形とは車体や仕様が異なったため。特急用2000系をベースにした17m級車両で、座り心地の良い奥行きのある低めのロングシートを備えた。かつては特急にも運用されたが、後に普通列車用となった。
◎須磨浦公園〜電鉄須磨　1973（昭和48）年12月11日　撮影：荒川好夫（RGG）

的形トンネルへ入る300形。的形〜八家間は、山間を走る鉄道のような雰囲気を感じられる区間のひとつだ。300形は、戦前設計の車体幅の狭い200形の機器を流用して、車体幅の広い3扉の新車体を載せた形式で1960年代に登場した。
◎八家〜的形　1975（昭和50）年６月16日　撮影：荒川好夫（RGG）

西代車庫と呼ばれた西代検車区と300形。300形は旧型の200形機器を流用して、新規に車体幅の広い車体を載せた低コスト車両だった。右側に写るのは、モワ1（後述）。1978（昭和53）年に車庫は東須磨へ移転。跡地には山陽電気鉄道本社ビルが建つ。
◎西代検車区　1973（昭和48）年12月11日　撮影：荒川好夫（RGG）

2000系は、1956（昭和31）年に製造が開始された19m級の高性能新造車。２扉車と３扉車があり、ロングシート車と転換クロスシート車の両方が製造された。半流線形の非貫通で、優美なスタイル。当時の関西私鉄の優雅さを感じられた。写真の2001は、1956（昭和31）年製造の１次車。特急用２扉のロングシート車として製造され、座り心地の良い低座面構造が好評だった。写真は普通で運用の2000系。神戸高速鉄道乗り入れの頃に種別・方向幕の取り付けを行った後の姿。前照灯は２灯シールドビーム化されている。◎電鉄須磨～須磨浦公園　1973（昭和48）年12月11日　撮影：荒川好夫（RGG）

1949(昭和24)年に特急用としてデビューした820形は、転換クロスシートを備えた戦後初の私鉄ロマンスカーだった。しかし、2000系や2700系の登場で特急運用が減少し、ロングシート化や前面貫通扉の設置などが行われ、通勤形化した。その後も特急への運用はあったものの、17m級車であり、阪急や阪神との相互乗り入れが開始された神戸高速鉄道開業後は、普通列車中心の運用となった。写真は普通列車での820形。前面窓はHゴム支持となり、貫通扉への種別・方向幕の取り付けが行われている。◎的形～八家　1975(昭和50)年6月16日　撮影：荒川好夫(RGG)

後追い撮影で2000系2015が過ぎ去る。このグループは、内部構体の台枠や骨組を普通鋼、外板にステンレス鋼を使用したスキンステンレス車両。２扉の４次車１次ステンレス車に対して、こちらは５次車アルミ車と同じ３扉を採用し、５次車２次ステンレス車となる。側面の波打つ模様が特徴の車体に赤帯２本。この銀色系に赤帯というスタイルは、後の山陽電気鉄道の新型車に受け継がれた。◎須磨浦公園～電鉄須磨　1973（昭和48）年12月11日　撮影：荒川好夫（RGG）

1962（昭和37）年登場の2000系５次車アルミ車で「アルミカー」と呼ばれた編成。外板や構体内部をアルミニウム合金使用で製造したオールアルミ製の車両。アルミカーならではの鱗状の模様も特徴的である。写真は山陽本線と並ぶ滝の茶屋～電鉄塩屋（現・山陽塩屋）間での撮影。◎滝の茶屋～電鉄塩屋　1978（昭和53）年４月22日　撮影：荒川好夫（RGG）

2012

2000系の車体を載せた2700系３扉車の2705が写る。1964（昭和39）年から700形の更新車として製造されたうちの１両で、2000系２扉クロスシート車の車体を載せた1957（昭和32）年製の2700系１次車とはスタイルが異なる。ただし、西代車庫の火災で焼失した700形の台車や機器と2000系の車体を組み合わせて2700系とした共通点を持つ。
◎八家〜的形　1975（昭和50）年６月16日　撮影：荒川好夫（RGG）

写真は3000系２次車の3605で、1967（昭和42）年の竣工。特急・姫路の種別方向幕を掲出するが、これは後付けで登場当初は側面の種別方向幕も付いていなかった。一緒に写るのは、橋上駅舎時代の西代駅。1967（昭和42）年に橋上駅舎化された。駅は1995（平成７）年の阪神・淡路大震災で被災したが、当時すでに駅の地下化工事が進んでおり、同年６月に地下へ移転して再開を果たした。◎西代　1973（昭和48）年12月11日　撮影：荒川好夫（RGG）

神戸高速鉄道東西線から地上時代の西代駅方面へ向かう3000系特急の電鉄姫路行。3000系は、神戸高速鉄道開業による阪急・阪神相互乗り入れを前に、製造時期などによって仕様が異なるため編成の保守点検に差異が生じる2000系に代わって、仕様の統一などを図るべく登場した新標準型の車両。以後の山陽電鉄の主力となる。写真の3613は、普通鋼製車体で1968（昭和43）年に竣工した３次車である。◎高速長田～西代　1973（昭和48）年12月11日　撮影：荒川好夫（RGG）

写真は西代検車区から出庫して橋上駅舎時代の西代駅へ姿を現したモワ１の様子。神戸姫路電気鉄道時代に導入の木造有蓋電動車を戦後鋼体化した古参車で、当時でもすでにレトロな雰囲気を漂わせ、写真のように本線で見ることができるとラッキーだった。◎西代　1973（昭和48）年12月11日　撮影：荒川好夫（RGG）

島式ホーム２面４線の電鉄須磨駅（現・山陽須磨駅）で撮影の3000系3613。3000系３次車で、３次車から新造時に前面と側面の種別・方向幕の取り付けが始まった。そのため、後付けの2次車までとは異なり、種別・方向幕のための出張った箱型の形状がなく、すっきりした。◎電鉄須磨　1988（昭和63）年９月６日　撮影：森嶋孝司（RGG）

3613
特急
姫路
ぼくの名はチャリーです
須磨海浜水族園へ
月見山駅だよ〜
姫路
5602

電鉄塩屋（現・山陽塩屋）〜滝の茶屋間では、写真のように山陽本線と山陽電鉄が接近して海沿いを並走。山陽電鉄の旧塗色のツートンカラーに国鉄色のスカイブルー、そして湘南色が並び、一時代前の並走風景だ。明石海峡や淡路島を望む絶景だが、当時はまだ明石海峡大橋の姿がない。◎電鉄塩屋〜滝の茶屋　1978（昭和53）年４月22日　撮影：荒川好夫（RGG）

GWの祝日の間に１日入った平日で金曜日。当時はこのような日でも休日では無かった。写真は、冷房装置を後付けではなく新造段階で取り付けて登場した3000系の3050系に分類される形式。そのトップナンバーの3050。1972（昭和47）年に竣工した１次車だ。3050に特急大増発のマークが付いている。写真撮影の年、1984（昭和59）年の３月25日から行われた特急の増発をPRするもので、最高速度を100km/hへ引き上げ、昼間15分間隔の運行となった。駅間の電鉄林崎駅は、現在は林崎松江海岸駅へ改称している。◎藤江～電鉄林崎　1984（昭和59）年５月４日　撮影：森嶋孝司（RGG）

普通
3050
新開地
山陽
特急大増発!
干潟が
近くなりました。

3000系トップナンバー3000編成の3600がやってきた。1964(昭和39)年12月竣工の1次車。1次車はアルミ車を採用した。アルミ合金製の車体に後付けの種別・方向幕の出っ張りが、今や懐かしい組み合わせだ。後年に冷房装置が設置されたが、昭和の当時は非冷房で扇風機だった。◎的形～八家　1975(昭和50)年6月16日　撮影：荒川好夫(RGG)

3000系は、高運転台で曲面ガラスによるパノラミックウインドウが特徴的。山陽電鉄初の両開き扉が利用客増の時代を物語っている。写真は２次車の3606で1967（昭和42）年に竣工。伝統のツートンカラーに赤地白抜きの特急表示が似合う。
◎的形～八家　1975（昭和50）年６月16日　撮影：荒川好夫（RGG）

阪急神戸本線の六甲駅まで乗り入れていた当時の様子。六甲駅は山陽電鉄の乗り入れに伴って島式ホーム２面４線から写真のような相対式ホーム２面４線となった。写真は同駅で顔を合わせた3000系２次車の3610と阪急5100系5127で、両方とも特急運用中。◎六甲　1973（昭和48）年12月11日　撮影：荒川好夫（RGG）

5127
特急

1968（昭和43）年に神戸高速鉄道東西線が開業。阪神との相互直通運転が始まり、このようなシーンも見られるようになった。両社特急同士の並び。3050系は、新造時から冷房装置を備え、3000系と分けて3050系とした。3050系3056編成は同系の３次車にあたり、1973（昭和48）年11月に竣工。その編成の3633が写るが、竣工１ヶ月に満たない美しい姿だ。阪神7801形7832の赤胴車と並ぶが、こちらは冷房装置を後付けした1966（昭和41）年製で、3050系3633が輝いて見える。
◎須磨浦公園　1973（昭和48）年12月11日　撮影：荒川好夫（RGG）

5000系は、1986（昭和61）年に１次車３両編成７本が登場。写真は１ヶ月前に竣工したばかりの5008編成で普通新開地行。当初は普通列車用として運用していた。３扉セミクロスシート車だが、当時の5000系は固定クロスシート車のみだった。後の３次車からは転換クロスシートを採用し、5000系の製造は1995（平成７）年まで続いた。
◎須磨浦公園～電鉄須磨　1986（昭和61）年８月15日　撮影：森嶋孝司（RGG）

1968(昭和43)年の神戸高速鉄道東西線の開業によって、阪神本線大石駅まで直通運転を開始。写真右側に3200系普通の東二見行が写る。3200系は、2000系の主電動機や駆動装置の転用を行って、3000系3次車の車体と合わせた仕様。写真に写る3200系3202は3203とともに1970(昭和45)年8月に竣工した。大石駅への直通運転は2001(平成13)年に三宮駅(現・神戸三宮駅)までとなり解消したが、神戸三宮駅で山陽電鉄車の折り返しができず、大石駅まで回送して対応している。
◎大石　1973(昭和48)年12月11日　撮影：荒川好夫(RGG)

普通
3202
東二見

写真左から山陽、阪急、阪神の車両が並ぶ高速神戸駅。写真当時は阪神や阪急を含めて神戸高速鉄道東西線の第二種鉄道事業者ではなく、単に同線へ乗り入れていた形態だった。現在は阪神と阪急の神戸高速線の駅で、第二種鉄道事業を廃止した山陽電鉄は乗り入れを継続している形態。駅の営業業務は神戸高速鉄道から阪神電鉄へ移管されているが、線路や駅、施設は神戸高速鉄道が保有し、同社の路線名は今も昔も東西線だ。ちなみに神戸高速鉄道のかつての筆頭株主は神戸市だったが、現在は阪急と阪神が筆頭株主である。◎高速神戸　1973(昭和48)年12月10日　撮影：荒川好夫(RGG)

普通
須磨浦公園
③
5233
特急
3561

西代車庫（後の西代検車区）は、兵庫電気軌道開業時に設置された歴史のある車庫だった。写真にはクト60（左）とモワ1（右）が写る。クト60は、写真では前面のみしか写っていないが、写真側の片運転台の後ろに無蓋スペースがあり、資材運搬に使用された付随車。モワ1は、両運転台の電動車で有蓋車。長物車の牽引も行った。
◎西代検車区　1973（昭和48）年12月11日　撮影：荒川好夫（RGG）

須磨浦公園駅へ乗り入れていた当時の阪急。阪急6000系の特急梅田行。須磨浦公園駅は阪急乗り入れ車の折り返し駅だった。1998（平成10）年２月に阪急電鉄と山陽電鉄の相互直通運転が中止され、マルーン色の阪急車で須磨浦山上遊園へ遊びに行けたのも、今や懐かしい思い出だ。一方、この相互直通運転中止と同日に阪神梅田～山陽姫路間の直通特急が運転を開始した。
◎須磨浦公園　1984（昭和59）年５月４日　撮影：森嶋孝司（RGG）

山陽電鉄、神戸電鉄の時刻表

十六年一月一日訂補　**兵庫・姫路驛前間** ㊫ (山陽電氣鐵道線)　特急及急行停車驛ノミヲ示ス

姫路驛前方面行

粁程	運賃	驛名	初發 普	通		特急	急行	準急	終發 準急	急行	特急	普	通
0.0	錢	兵庫 發	…	…	5 00	6 00	6 28	6 38	6 09	7 28	10 00	11 00	12 00
2.3	5	西代 〃	…	…	5 07	6 06	6 35	6 45	6 16	7 35	10 06	11 07	0 07
5.9	10	須磨 〃	…	…	5 17	6 12	6 41	6 55	6 26	7 41	10 12	11 17	0 17
11.7	19	垂水 〃	…	…	5 29	6 21	6 51	7 05	6 36	7 51	10 21	11 29	0 29
17.9	26	明石 〃	…	5 12	5 42	6 29	7 00	7 14	6 45	8 00	10 29	11 42	0 42
29.4	50	東二見 〃	…	5 29	5 59	6 42	7 13	7 31	7 02	8 13	10 42	11 59	0 44
39.4	70	電鐵高砂 〃	5 12	5 42	6 12	6 51	7 24			8 24	10 51	0 12	
45.0	77	大鹽 〃	5 20	5 50	6 20	6 57	7 30	…	…	8 30	10 57	0 20	…
53.2	80	電鐵飾磨 〃	5 33	6 03	6 33	7 05	7 40	…	…	8 40	11 05	0 33	…
57.1	80	姫路驛前 著	5 40	6 10	6 40	7 10	7 45	…	…	8 45	11 10	0 40	…

此間姫路驛前兵庫發行　特急及急行 {特6 00 午迄刻 特 8 00／急6 28 後同ニ 特 9 00／特8 00 八一發 特10 00／急8 28 時時車}　普通…25分乃至30分毎ニ運轉

神戸方面行

粁程	運賃	驛名	初發 普	通		特急	急行	準急	終發 準急	急行	特急	普	通
0.0	錢	姫路驛前 發	…	…	4 50	6 00	6 25	…	…	7 25	10 00	11 00	11 40
4.0	8	電鐵飾磨 〃	…	西新町發 5 00	4 57	6 05	6 30	…	…	7 30	10 05	11 07	11 47
12.1	24	大鹽 〃	…		5 10	6 13	6 40	…	…	7 40	10 13	11 20	12 00
17.7	35	電鐵高砂 〃	…		5 18	6 19	6 46	…	…	7 46	10 19	11 28	0 08
27.7	51	東二見 〃	…		5 31	6 28	6 57	6 37	6 07	7 57	10 28	11 41	
39.2	55	明石 〃	…	5 02	5 48	6 41	7 10	6 54	6 24	8 10	10 41	11 58	…
45.4	65	垂水 〃	…	5 15	6 01	6 49	7 19	7 03	6 33	8 19	10 49	0 11	…
51.2	75	須磨 〃	5 00	5 27	6 13	6 58	7 29	7 13	6 43	8 29	10 58	0 23	…
64.8	00	西代 〃	5 10	5 37	5 23	7 04	7 35	7 23	6 53	8 35	11 04	0 33	…
57.1	80	兵庫 著	5 17	5 44	5 30	7 10	7 42	7 30	7 00	8 42	11 10	0 40	…

此間姫路驛前兵庫發行　特急及急行 {特6 00 午迄刻 特 8 00／急6 25 後同ニ 特 9 00／特8 00 八一發 特10 00／急8 25 時時車}　普通…25分乃至30分毎ニ運轉

上表ノ外右記ノ通リ運轉 {兵庫—明石・西新町間／兵庫—須磨寺間} {朝夕及晝間 6 分乃至 8 分毎／夜 間 10 分乃至 15 分毎／朝 夕 2 分乃至 4 分毎}　兵庫—東二見間(相互)、準急行運轉 6 38, 6 09, 八往復

支線　驛名 電鐵飾磨、西飾磨、夢前川、日鐵前　全區間 4.5 粁　運賃 10 錢　所要時間 7 分
運轉時間 {電鐵飾磨發—日鐵前行 5 00 ヨリ 11 49 マデ／日鐵前發—電鐵飾磨行 5 13 ヨリ 12 00 マデ} 20 分乃至 30 毎ニ運轉

十四年四月十日改正　**湊川・有馬溫泉及唐櫃・三田間** ㊫ (神戸有馬電氣鐵道線)

驛名
本線 {△湊川、△長田、鷹取道、鵯越、菊水山、△鈴蘭臺、△箕谷、△谷上、△大池、六甲登山口、△唐櫃、新有馬、△有馬溫泉(全區間 22.5 粁 運賃 50 錢)
支線 {△唐櫃、五社、岡場、田尾寺、二郎、△道場南口、道場川原、横山、三田本町、三田(省)(全區間 12.0 粁 運賃 25 錢)
運轉時間
湊川—有馬溫泉 44 分ヲ要シ
{湊 川發5 50ヨリ11 35マデ／有馬溫泉發5 27ヨリ11 27マデ}
湊川—三田 70 分ヲ要シ
{湊 川發5 50ヨリ11 35マデ／三 田發5 06ヨリ11 06マデ} 約30分毎ニ運轉
湊川有馬間ハ日曜祭日ニ限リ15分毎ニ運轉

十五年九月一日改正　**湊川・三木福有橋間** ㊫ (三木電氣鐵道線)

粁程	運賃	驛名		此間毎ニ	
0.0	錢	湊川發	6 05	30分運轉	9 05
26.8	70	三木福有橋著	6 55		9 55

驛名	此間毎ニ		此乃至間毎ニ	
湊川發	45分運轉	3 05	3045分分運轉	11 20
三木福有橋著		3 55		0 10

粁程	運賃	驛名		此間毎ニ	
0.0	錢	三木福有橋發	5 41	30分運轉	9 41
26.8	70	湊川著	6 32		10 30

驛名	此間毎ニ		此乃至間毎ニ	
三木有福有橋發	45分運轉	3 41	3045分分運轉	10 56
湊川著		4 32		11 45

宇治川電気から分離して設立された山陽電気鉄道。当時はまだ姫路駅前駅の駅名が見られるが、後に電鉄姫路駅となる（現・山陽姫路駅）。なお、電鉄網干駅はこの時点では未開業。神戸有馬電気鉄道、三木電気鉄道時代の時刻表では、旧駅名の唐櫃（現・有馬口）や三木福有橋（現・三木）が見られる。いずれも昭和15年前後の時刻表である。

37. 5. 1 訂補　**電鉄兵庫 — 電鉄姫路 — 電鉄網干** 電 ㊫ (山陽電鉄)

特急 初電	特急 終電	普通 初電			普通 終電		キロ程	貨	駅名	普通 初電			普通 終電		特急 初電	特急 終電
6 30	21 00	…	…	4 52	22 25	23 45	0.0	円	発電鉄兵庫(国)着	447	537	6 35	0 02	…	7 15	21 52
レ	レ	…	…	4 59	22 32	23 52	2.4	15	〃西代発	440	530	6 28	23 55	…	レ	レ
6 41	21 11	…	…	5 08	22 41	0 01	5.9	20	〃電鉄須磨〃	…	521	6 19	23 46	…	7 04	21 41
6 54	21 24	…	4 50	5 30	23 03		17.9	50	〃電鉄明石(国)〃	…	459	5 54	23 24	…	6 51	21 28
7 05	21 35	…	5 09	5 49	23 22	…	29.5	90	〃東二見〃	…	…	5 35	23 05	…	6 40	21 17
7 15	21 45	…	5 24	6 04	23 37	…	39.5	110	〃電鉄高砂〃	…	…	5 20	22 50		6 20	21 07
レ	レ	…	5 34	6 18	23 47	…	45.0	130	〃大塩〃	…	…	5 10	22 40	23 50	レ	レ
7 30	22 00	4 38	5 47	6 31	24 00	…	53.1	140	〃電鉄飾磨〃	…	…	4 57	22 27	23 37	6 15	20 57
7 35	22 05	4 45	5 54	6 38	0 07	…	56.9	150	着電鉄姫路(国)発	…	…	4 50	22 20	23 30	6 10	20 47

初電		終電	キロ程	貨	駅名	初電	終電		間隔
…	5 28	23 17	0.0	円	発電鉄姫路(国)着	5 21	23 12		14分
4 40	5 37	23 26	3.8	15	〃電鉄飾磨発	5 14	23 05	24 00	|
4 48	5 46	23 36	8.5	30	〃広畑〃	5 05	22 55	23 52	20分
4 55	5 53	23 43	12.4	40	着電鉄網干発	4 58	22 48	23 45	毎

電鉄兵庫——姫路　特急 20—30分毎　普通● 12—20分毎　急行 30—60分毎
兵庫—姫路 所要時間　特急65分　急行78分　普通102分

須磨浦ロープウェイ　須磨浦公園—鉢伏山上 0.4446キロ　5月1日—7月15日 815—2045　10分毎 所要3分半 往復90円

37. 5. 10 現在　**湊川—有馬温泉—三田—粟生** ㊫ (神戸電鉄)

					キロ程	円	駅名					
538	600	この間	2239	2306		円	発湊川(国)着	619	657	この間	2257	2347
553	618	湊川発有馬・三田行	2255	2321	7.5	40	〃鈴蘭台発	604	642	有馬・三田発湊川行	2242	2332
617	645	28分毎	2319	2345	20.0	80	〃有馬口〃	541	618	28分毎	2219	2306
643	710	三田行急行	2342	‖	32.0	105	着三田発	517	554	三田発急行 7.18分	2154	2243
624	651	1349.1725.1804	2325	2351	22.5	90	着有馬温泉発	535	612		2212	2303
…	545	この間	2156	2254	0.0	円	発湊川(国)着	628	659	この間	2337	…
546	601	湊川発粟生行30分毎	2211	2309	7.5	40	〃鈴蘭台発	613	644	粟生発湊川行30分毎	2322	…
622	638	粟生行急行 1806	2246	2344	26.9	100	〃電鉄三木〃	537	606	粟生発急行 635	2246	2330
646	659		2305		36.7	115	着粟生(国)発	…	547		2228	2311

山陽電気鉄道、電鉄兵庫～電鉄姫路間を20～30分毎の特急は65分、30～60分毎の急行は78分、普通12～20分毎102分とある。網干線は14～20分毎。下段には須磨浦ロープウェイの案内があり、10分毎所要３分半と記されている。神戸電気鉄道は、湊川～有馬・三田間が28分毎（有馬とあるのは有馬温泉）、三田発着急行の案内も見られる。湊川～粟生間は30分毎、粟生発着急行の案内もある。

2章
カラーフィルムで記録された神戸電鉄

昭和30年代中頃の鈴蘭台車庫。茶塗装のデ1形5と9の間にグレーに淡い緑塗色で存在感を出すクハ151形151。この塗装はグレーとオレンジになる前の神鉄の塗色。クハ151形は、神中鉄道（現・相模鉄道）の元気動車で、1930年代に流行した流線形のデザイン。当時の流線形車両としては、同じ関西の京阪60型「びわこ号」が知られる（クハ151形についてはモノクロページの解説も参照）。◎鈴蘭台　1961（昭和36）年３月　撮影：野口昭雄

鈴蘭台車庫で撮影のデ101形デ105のカラー写真。半鋼製車体の両運転台車。元は茶色であったが、当時は灰色とオレンジのツートンカラーだった。デ1形の増備車にあたり、他のデ101形とともに、湊川〜電鉄有馬（現・有馬温泉）間開業の翌年、1929（昭和４）年に製造された。写真当時はまだ車籍がある頃で、神戸〜鈴蘭台間の行先表示板が付く。しかしその後は車歴40年を越えて1971（昭和46）年に廃車となり、解体となった。
◎鈴蘭台　1968（昭和43）年４月７日　撮影：日暮昭彦

クハ141形141。想像が付きにくいが、元は湊川〜有馬温泉間で運行された観光納涼用の展望車だった。テン1形という車両で1929（昭和４）年製。当初は風雨が入り込むトロッコ客車のようで、翌年にガラス張りにするなどの改造を施した。展望車時代はもっと全長が長かった。風雅な時代を経て、戦中の1944（昭和19）年にクハ141形141へ改造。全長が短くなり13m級に。1970年代には、クハ141＋デ205＋デ204（元展望車＋運輸省規格型）という編成で運用され、その後廃車となった。
◎鈴蘭台　1968（昭和43）年４月７日　撮影：日暮昭彦

吊り掛け駆動の音を響かせながらやってきたデ860形。写真はカーブを走る両運転台の861ほかの準急新開地行。1960年代にデ800形〜デ860形の各形式が登場。旧型車の機器を活かして、高性能車仕様の車体を載せた車両。各形式を総称して800系とも呼ばれた。いわゆる車体更新車ではあるが、台車は新造品だ。各形式とも18m級の鋼製車体。座席はロングシートである。800系は片開き扉車のほうが多かったが、デ860形の扉は両開き。800系は神戸電鉄における最後の吊り掛け駆動車として親しまれ、運用後期の頃には粟生線でよく見掛けることができた。そして、1990年代の初頭まで運用され、その役目を終えた。
◎長田〜湊川　1973（昭和48）年12月10日
撮影：荒川好夫（RGG）

新開地
準急
861
6

デ1050形1052を先頭に走る準急新開地行。1000系デ1050形は、増結車として製造された形式。1968(昭和43)年に登場し、写真の1052は1969(昭和44)年製。入換作業が発生するため、片運転台の反対側に簡易運転台が付いた。
◎三田〜三田本町　1992(平成4)年1月16日　撮影：森嶋孝司(RGG)

デ310形312を先頭にした普通新開地行の５両編成。1960（昭和35）年登場のデ300形は湘南窓のセミクロスシートで製造された一方、デ310形は貫通型ロングシート車で1962（昭和37）年から製造された。両形あわせて300系とも呼ばれ、神戸電気鉄道（現・神戸電鉄）初の高性能車で18m級の全鋼製車体。後の新形式の基本となった。写真当時は末期近い頃。冷房化はされず、1990年代前半に各車姿を消した。◎丸山〜長田　1991（平成３）年５月13日　撮影：松本正敏（RGG）

デ1070形は、粟生線のラッシュ対策用に登場した両運転台の増結車。1100系の３両編成と連結解放を行うために運転台の反対側（有馬方）に自動連結解放装置を装備。また、３扉車を採用してラッシュに対応した。1974（昭和49）年～ 1976（昭和51）年に製造され、ニュータウン開発の進捗で利用者が増加した粟生線の時代を物語った。先頭に写るのはデ1070形1076。写真は、デ1350形1357編成との３両編成時代。◎緑が丘～押部谷　1998（平成10）年４月15日　撮影：荒川好夫（RGG）

デ1000形1008。デ1000形は1000系高性能車の第一陣として1965（昭和40）年に製造開始。1968（昭和43）年まで製造され、写真の1008は1967（昭和42）年製。シルバーグレーとオレンジの懐かしい神鉄色は1980年代中頃に入っても健在だった。◎三田本町～三田　1984（昭和59）年５月４日　撮影：森嶋孝司（RGG）

旧塗装時代のデ1100形ほかの準急。利用者の増加に伴う３両固定編成化に対応したデ1100形とサ1200形。デ1100形にサ1200形をサンドして３両固定編成となった。1000系だが両形を別に1100系と呼ぶこともある。1969（昭和44）年～1972（昭和47）年に渡って竣工したグループ。神戸市の宅地化は1960～1970年代にかけて急速に山側へ進出。２両または３両編成の時代から、常時3両固定編成へと移っていった。◎長田～湊川　1973（昭和48）年12月10日　撮影：荒川好夫（RGG）

デ1100形の新塗装車。1100系を含めて1000系列は、デ310形の車体設計をベースにしているため一見すると似たスタイルだが、側面を見るとデ310形は片開き扉に対して、1000系列は両開き扉で、見分けが付きやすい。写真はデ1100形＋サ1200形＋デ1100形で神戸方1106を先頭にした編成。◎鈴蘭台〜菊水山　1991（平成３）年５月13日　撮影：松本正敏（RGG）

新開地
普通
1106
原和美
岡崎ひろみ

臙脂色の塗装が真っ青な空に映えるデ1100形1113ほかの５両編成。後ろの３扉車は増結のデ1070形で、５両とも冷房化改造車。複線区間での撮影で、写真では手前か向こうかがわかりづらいが、新開地行を後追い撮影した写真。撮影地は単線の多い粟生線では貴重な複線区間の撮影スポット。当区間を含む川池信号所〜押部谷駅間は複線区間である。
◎栄〜木幡　1998（平成10）年４月15日　撮影：荒川好夫（RGG）

1972（昭和47）年竣工のデ1300形1304を先頭にした５両編成の準急新開地行。鈴蘭台は避暑地を経て、昭和30年代あたりから宅地化が進み、ベッドタウンとして発展した。写真上に駅前に立地するダイエーの旧ロゴが写る。
◎鈴蘭台～菊水山　1991（平成３）年７月３日　撮影：森嶋孝司（RGG）

デ1300形による普通鈴蘭台行。編成は1307＋1322＋1321＋1308で非冷房。元は両端のデ1300形による２両編成として1973（昭和48）年に竣工したが、利用客の増加に伴って、1975（昭和50）年竣工のデ1320形２両を加えた。写真の同年、中間のデ1320形２両がデ1350形の編成とコンビを組むことになった。
◎菊水山〜鈴蘭台　1991（平成３）年７月３日
撮影：森嶋孝司（RGG）

グレーとオレンジの旧塗装時代のデ300形。本格的に神鉄沿線がベッドタウンになる前の様子で、当時は２扉クロスシート車の２両編成だった。有馬温泉などへの観光路線の色合いが濃く残っていた時代に製造され、車両設計に現れていた。
◎電鉄丸山　1961（昭和36）年３月　撮影：野口昭雄

1500形1501を先頭に走る三木行準急。1500形と中間車の1600形による３両編成。デやサの省略化で形式に付かず、デにあたるのが1500形、サにあたるのは1600形。1990年代に入っての製造で、1991（平成３）年製。ワンマン用の機器を搭載して新造された。◎木幡〜栄　1998（平成10）年４月15日　撮影：荒川好夫（RGG）

2000系の第1編成で2001＋2201＋2002。写真は後追い撮影で2002側。写真下の編成より１ヶ月ほど早く竣工した。行先は三田。公園都市線は三田線横山駅分岐だが、運用は三田線三田駅との直通運行である。
◎三田本町〜三田　1992（平成４）年１月16日　撮影：森嶋孝司（RGG）

1991（平成３）年10月の公園都市線の開業に備えて、同線用のワンマン車として登場した2000系。写真は1991年製の３両編成で2004＋2202＋2003。大型曲面ガラスによる２枚窓が特徴。1994（平成６）年登場の5000系へ引き継がれたデザインだった。写真当時の公園都市線はフラワータウンまでの開業で、行先表示器にフラワータウンの行先が見られる。
◎三田〜三田本町　1992（平成４）年１月16日　撮影：森嶋孝司（RGG）

3000系第1編成の3001編成。竣工して数ヶ月の頃で、写真は神戸方（新開地方）3002。1975（昭和50）年製の3005編成までは写真のように尾灯が出っ張った凸型だった。当時、塗装の雰囲気や前面スタイルの尖がりがウルトラマンに似ていることでも話題になった。◎鈴蘭台　1973（昭和48）年12月10日　撮影：荒川好夫（RGG）

1968（昭和43）年７月に開業した新開地〜湊川を結ぶ神戸高速鉄道南北線（現・神戸電鉄神戸高速線）。写真は開業５年後の新開地駅の様子。デ1100形とデ1200形による1100系の普通粟生行と新製間もない当時の3000系による準急鈴蘭台行（写真右）が並ぶ。◎新開地　1973（昭和48）年12月10日　撮影：荒川好夫（RGG）

3
準急
鈴蘭台
3002
出口

3000系は1973（昭和48）年に登場した形式だが、1981（昭和56）年まで製造後に間隔が空き、1989（平成元）年～1991（平成３）年の間に再び製造された。写真は1989年以降製造のタイプで、神戸方（新開地方）3018ほかの3017編成（1991年製）。塗装はラインが２線になるなどの新塗装で登場し、先頭車の側面にKマークを付け、側面の種別・行先をそれぞれ別の表示器とした。その後、先に登場した編成も新塗装になっている。
◎北鈴蘭台～鈴蘭台　1991（平成３）年５月13日　撮影：松本正敏（RGG）

準急
SEMI EXP.
新開地
SHINKAICHI
3018

1973(昭和48)年デビューの3000系。急行有馬温泉行を後追い撮影したシーン。当時は写真の3001編成のみ竣工で、神戸方(新開地方)の3002が写る。3000系はアルミ合金製の車体で神鉄初だった。前面の妻部が折れているスタイルが特徴。写真は現行車の塗装とは異なる初期の塗装時代。◎湊川～長田　1973(昭和48)年12月10日　撮影：荒川好夫(RGG)

1979(昭和54)年製の3000系3009編成。写真先頭の3010は神戸方(新開地方)。前面窓上左右の尾灯が引っ込んだタイプで3007編成以降の特徴が見られる。この3009編成は、竣工1年未満の1980(昭和50)年7月、日本赤十字社の献血運動推進全国大会に臨席の皇太子・皇太子妃の御乗用列車となり、新開地→志染間を走行した。その当時は旧塗装時代で、写真は新塗装後の姿である。◎三田～三田本町　1992(平成4)年1月16日　撮影：森嶋孝司(RGG)

3章

モノクロフィルムで記録された 山陽電鉄

850形が長田駅へ向かうところを後追い撮影した写真。写真右奥に見える島式ホームが長田駅。長田駅まで専用軌道で、その先が併用軌道だった。850形は、戦後初の私鉄ロマンスカーとして人気を得た820形を基本とし、100kw級の主電動機にして出力アップを図った形式。1950(昭和25)年に登場した。写真は貫通扉への行先方向幕や種別幕の取り付け改造を行う前の850形851。◎西代〜長田　1968(昭和43)年1月20日　撮影：日暮昭彦

やや高い位置から撮影した併用軌道や周辺。国鉄兵庫駅の高架ホームからの撮影と思われる。高架からにしては若干低いように思うが、高架の高さにも色々ある。さて、写真右側が電鉄兵庫駅構内、左側が国鉄兵庫駅。西国街道の併用軌道を走る電車が写り、併用軌道は長田駅まで続いた。背景の山は高取山だ。◎電鉄兵庫〜長田　1962（昭和37）年９月２日　撮影：荻原二郎

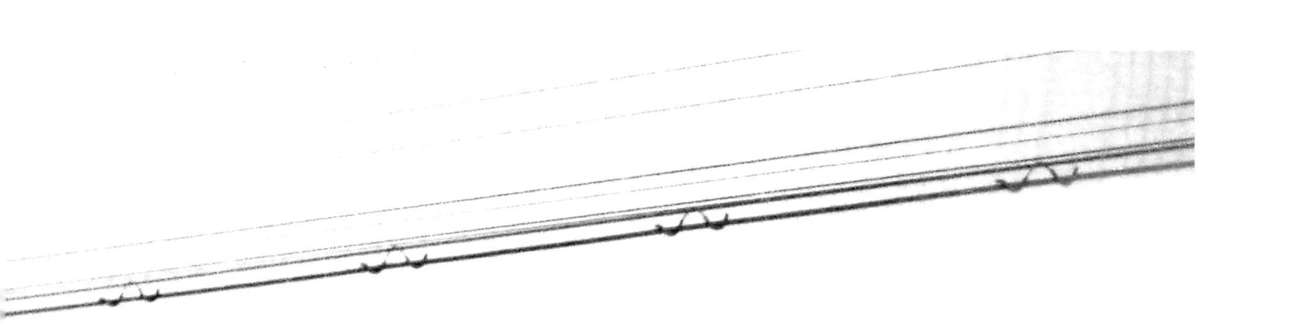

本駅舎とは別の所にも駅出入口があり、駅構内の横側に位置した。写真は電鉄兵庫～西代間の最終運行日の様子。翌日に電鉄兵庫駅は廃止され、神戸高速鉄道東西線が開業。駅舎の屋根には、新路線図が描かれた大きなPR看板が立っていた。
◎電鉄兵庫　1968（昭和43）年4月6日　撮影：荻原二郎

在りし日の電鉄兵庫駅の駅舎。写真は神戸高速鉄道東西線開業前日の電鉄兵庫～西代間最終日の様子。国鉄兵庫駅が向かい側にあり、写真左に神戸市電兵庫駅電停が写る。「山陽電車 姫路網干行特急」のネオンサインが誇らしげだ。
◎電鉄兵庫　1968（昭和43）年4月6日
撮影：荻原二郎

在りし日のターミナル駅電鉄兵庫駅。４面のプラットホームが並ぶ様子がターミナル駅に相応しい貫禄だった。写真右から3000系、250形、700形。3000系は第1編成のアルミ車。姫路方の3600が写る。特急の種別板が誇らしく、この先で併用軌道を走った。◎電鉄兵庫　1965（昭和40）年 3月3日　撮影：荻原二郎

2700系の１次車として製造された2701＋2700の２両編成が併用軌道を走る。戦後に運輸省から割り当てのあった63系電車の800形→700形の一部が1951（昭和26）年の西代車庫の火災で焼失。台車や機器を転用して2000系２扉車体を載せ、1957（昭和32）年に登場したのが2700系１次車の2700＋2701だった。転換クロスシート車だったが、ラッシュ対応のため、1964（昭和39）年にロングシート化。転換クロスシート時代の名残で狭窓が並ぶ２扉のロングシート車だった。
◎長田〜電鉄兵庫
1968（昭和43）年１月20日
撮影：日暮昭彦

神戸側のターミナル駅だった電鉄兵庫駅。300形315（1963年製）に掛かる行先表示の神戸とは、この電鉄兵庫駅のこと。300形は、車体幅の狭い旧型車（200形）の機器を使って車体幅の広い車両を載せて、狭幅車の置き換えを図った低コスト車両。それは、神戸高速鉄道開業に伴う直通運転に巨額なコストが掛かるための苦肉の策だった。その神戸高速鉄道が1968（昭和43）年４月に開業し、西代～元町間が開通。同日に電鉄兵庫～西代間が廃止となり、写真のターミナル駅も長い歴史に終止符を打った。
◎電鉄兵庫
1968（昭和43）年１月20日
撮影：日暮昭彦

820形822。820形とは通称で、正式には800形。800形820以降を820形と呼んできた。写真は左側が長田方面、右側が電鉄兵庫方面。併用軌道区間への3両編成は許認可を得た後で、その前は2両編成までしか入線できなかった。
◎電鉄兵庫〜長田
1968(昭和43)年1月20日
撮影：日暮昭彦

後追い撮影で、写真左側の長田方面へ向かって走り去る820形828。写真は神戸市電とのダイヤモンドクロッシングで、平面交差通過シーン。ちょうどパンタグラフの上あたりが架線の交点で、山陽電鉄は1500V、神戸市電は600Vのため、デッドセクションを惰性で通り抜けた。
◎電鉄兵庫～長田
1968(昭和43)年1月20日
撮影：日暮昭彦

1968（昭和43）年の長田駅。島式ホームの先に駅舎があり、同駅は専用軌道と併用軌道の境界で、駅舎は併用軌道側に面して建っていた。写真左側が西代方面、手前側が電鉄兵庫方面。ちなみに兵庫電気軌道時代の途中から戦中の1944（昭和19）年12月まで、神戸市電との交差付近に駅があった。◎長田　1968（昭和43）年１月20日　撮影：日暮昭彦

長田駅
NAGATA STATION
出口

山陽電鉄長田駅は併用軌道と専用軌道の境目。写真奥、ホームの向こうは専用軌道。電鉄兵庫駅方面に存在した神戸市電との平面交差部とともに写る。山陽電鉄長田駅と併用軌道と車、そして横切る神戸市電を絡めたドキュメントタッチな写真だ。写真当時、神戸高速鉄道東西線開業による山陽電鉄の電鉄兵庫駅〜西代駅間の廃止はまだ先で、数年後のこと。神戸市電よりも先に山陽電鉄が姿を消したが、当時はまだまだ平面交差シーンが現役だった。
◎長田　1965（昭和40）年12月　撮影：朝日新聞社

かぜに
ルル
581

長田から軌道区間に入った2000系５次車の特急。５次車はアルミ車とステンレス車が製造され、写真は４次車ステンレス車に続いて登場した２次ステンレスカーにあたる。翌日にここも廃線となるので、最終運行日の沿線には、各地から訪れたファンがカメラを向けていた。◎長田　1968（昭和43）年４月６日　撮影：荻原二郎

神戸高速鉄道東西線開業の前日。つまり、電鉄兵庫～西代間の最終日の様子。写真は電鉄兵庫～長田間の併用軌道区間。写真左側外が神戸市電との平面交差あたり。写真右側に日産プリンスの看板が高らかに上がる。プリンス自動車工業が日産自動車と合併したのは1966（昭和41）年で、日産プリンスの看板がまだ目新しかった。
◎電鉄兵庫～長田　1968（昭和43）年4月6日　撮影：荻原二郎

神戸高速鉄道東西線が開業する前日の西代駅。写真右側が翌日開業の神戸高速鉄道東西線で、左が翌日廃止の長田、電鉄兵庫方面。道床の色の違いで新旧がわかる。長田、電鉄兵庫方面では、同区間最終日に運行中の編成がすれ違っている。
◎西代　1968（昭和43）年4月6日　撮影：荻原二郎

270形３次車の288を見送りながら後追い撮影のシーン。写真は数ヶ月後に神戸高速鉄道東西線の開通で廃止となる鉄道のある風景。線路のバラストと通りが混じり合っているかのような情景が、今となっては懐かしい。
◎長田〜西代　1968(昭和43)年１月20日　撮影：日暮昭彦

タイシン
40
160

西代車庫で撮影の850形。当時は、先に登場した同形車の820形とともに山陽電気鉄道を代表する主力車で特急運用に使用されていた。写真を見ると、側面窓から転換クロスシートの姿が見える。850形は、戦後初の私鉄ロマンスカー 820形の人気を受けて、若干の改良を施して増備した形式で、形式を分けて850形とした。前面2段上昇窓が見られた820形に対して、写真のように850形は前面１段上昇窓を採用。820形よりもややスマートな印象だった。
◎西代車庫　1956（昭和31）年８月26日　撮影：伊藤威信（RGG）

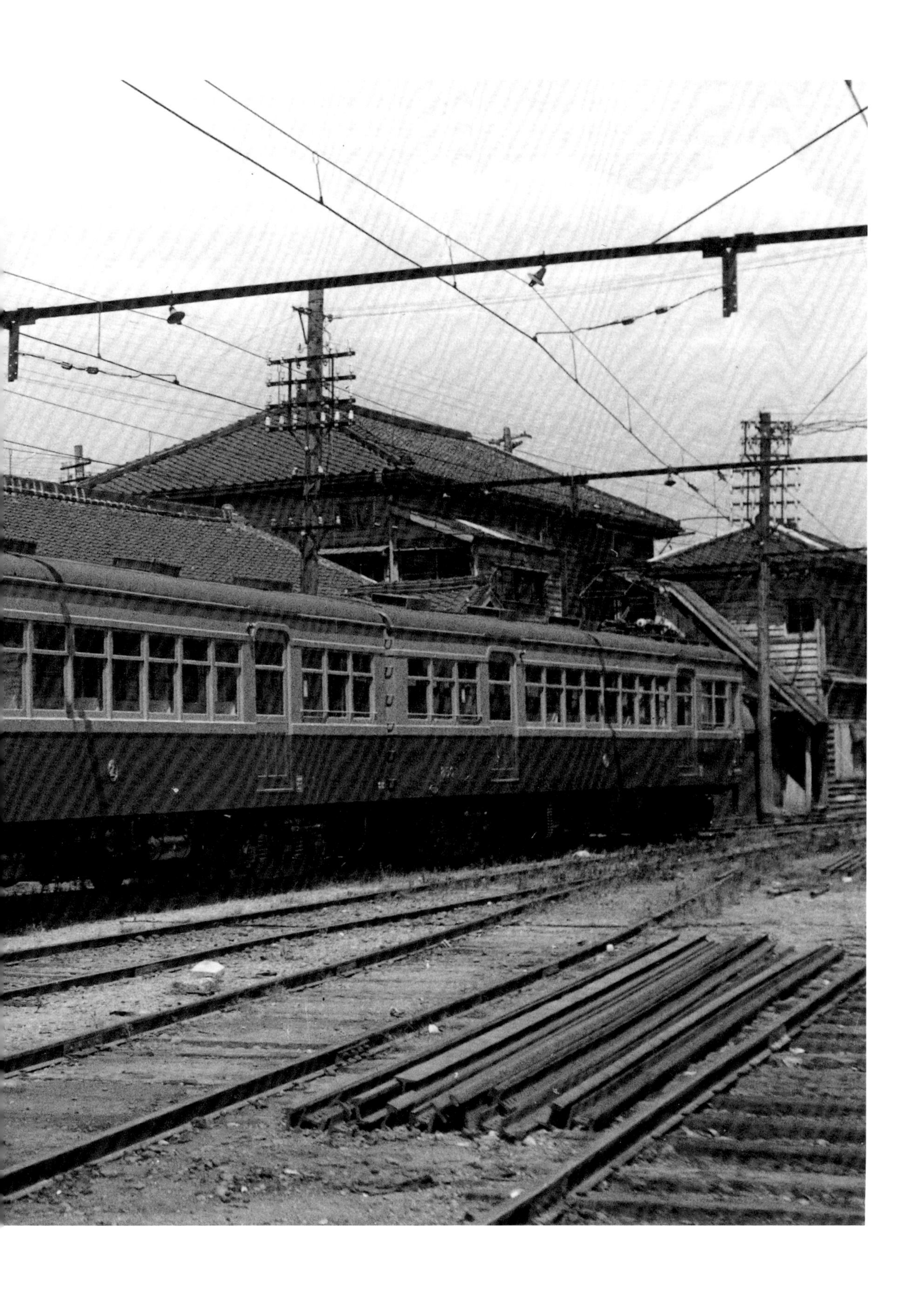

国鉄三ノ宮駅から見た阪急の三宮駅（現・神戸三宮駅）と山陽電鉄の3000系。写真は、神戸阪急ビル内に駅があった在りし日の姿。ビルを貫通したような駅は、かつての三宮を代表する景観だった。阪急百貨店とともに映画館の阪急会館などもあり、阪急会館とも呼ばれて親しまれたビルであったが、1995（平成７）年の阪神・淡路大震災で被災。惜しまれながら解体された。2021（令和３）年４月には、阪急の神戸三宮駅の隣に高層ビルの神戸三宮阪急ビルが開業した。現在では、山陽電鉄の阪急神戸線六甲駅までの直通運転はなくなったが、阪急の神戸三宮駅までの直通運転はあり、同駅で折り返す山陽電鉄の車両がホームを発車して、梅田側の写真のような位置までやってくるシーンは見られる。
◎三宮　1972（昭和47）年５月８日　撮影：荻原二郎

神戸高速鉄道開業日に撮影のシーン。同鉄道開業で阪急神戸線六甲駅まで乗り入れを開始した。写る車両は2000系で３扉の中間車を挟む。中間車は、2000系で全ての編成の３両編成化を行うために1963（昭和38）年に製造された普通鋼製。
◎六甲　1968（昭和43）年４月７日　撮影：荻原二郎

阪神の特急と顔を合わせた山陽電鉄2000系。2000系には阪神大石と記された行先表示板が付き、阪神車には須磨浦公園の行先が見られ、相互直通運転が開始されたことを物語るシーンだ。駅は写真前年の1967（昭和42）年に高架化。高架下には都賀川が流れている。◎大石　1968（昭和43）年 4月7日　撮影：日暮昭彦

神戸高速鉄道新開地駅の地下２階に発着する山陽電鉄。写真は850形852。特急用ロマンスカーとして820形とともに一時代を築いた850形だったが、当時はロングシート化され、貫通扉を設置したスタイルとなっていた。車体長が短い17m級車であり、852の行先表示（新開地〜明石間）を見てもわかるように、阪急・阪神への乗り入れはされず、神戸高速鉄道線内の折り返し運用だった。◎新開地　1968（昭和43）年４月７日　撮影：日暮昭彦

神戸高速鉄道東西線と同南北線開業日に撮影のスナップ。地下出入口には「祝 神戸高速鉄道開通」のPR板のほかに提灯や紅白幕の飾り付けが見られた。神戸市民をはじめ、県内外の関心は高く、地下出入口頭上の神戸高速鉄道の社章が燦然と輝く。そして祝福するかのようにアドバルーンが空を舞う。◎1968（昭和43）年４月７日　撮影：日暮昭彦

阪急との相互直通運転開始で板宿駅に現れた阪急車。特急・大阪 梅田・須磨浦公園と記された円形の種別行先標識板が付く。神戸高速鉄道東西線の開通で、それまで縁の無かった阪急マルーン色が乗り入れるようになり、それに関心を寄せる利用者の様子が写真から見てとれる。◎板宿　1968（昭和43）年 4月7日　撮影：日暮昭彦

改築数年当時の板宿駅舎。1965（昭和40）年に改築された。駅頭には「祝 山陽 阪急 阪神相互乗入れ開始」と飾られ祝賀ムード。その上に「4月7日神戸高速鉄道開通」とある。写真はその開業日で、日曜日の晴れ。駅の人出が多い。
◎板宿　1968（昭和43）年4月7日　撮影：荻原二郎

1968(昭和43)年当時の電鉄須磨駅の駅舎。写真当時は神戸市電の電停が同駅前にあり、乗換駅だった。駅舎は翌年に改築。ただし、出札窓口や改札口の位置が改築後もほぼ同じため、一見するとその後も未改築のように見えるが、平屋の屋根の形などが異なり改築されている(現在の三角屋根は張りぼて)。屋根に大きめの広告看板が見える。この広告看板は後々大きくなり、改築後の駅舎の左右一杯まで拡大。背景の民家の半分程度が隠れるほどまで大きくなった。現在は屋根上の広告看板に代わって三角屋根風の張りぼてが立ち、背景の民家はすでに無くマンションが建っている。
◎電鉄須磨　1968(昭和43)年4月7日　撮影：荻原二郎

須磨の松林に沿って快走するスマートなスタイルの250形257+256。この編成は、1954(昭和29)年製造の250形3次車で1～2次車よりも車体長が伸びて17m級車となり、張り上げ屋根を採用した。それによって他の250形とは異なる外観で、加えて車内に登場した美しい化粧板や蛍光灯も話題に。ロングシート車の普通列車用ながら、内外に優雅な雰囲気が漂っていた。
◎電鉄須磨～須磨浦公園
1968(昭和43)年1月20日
撮影：日暮昭彦

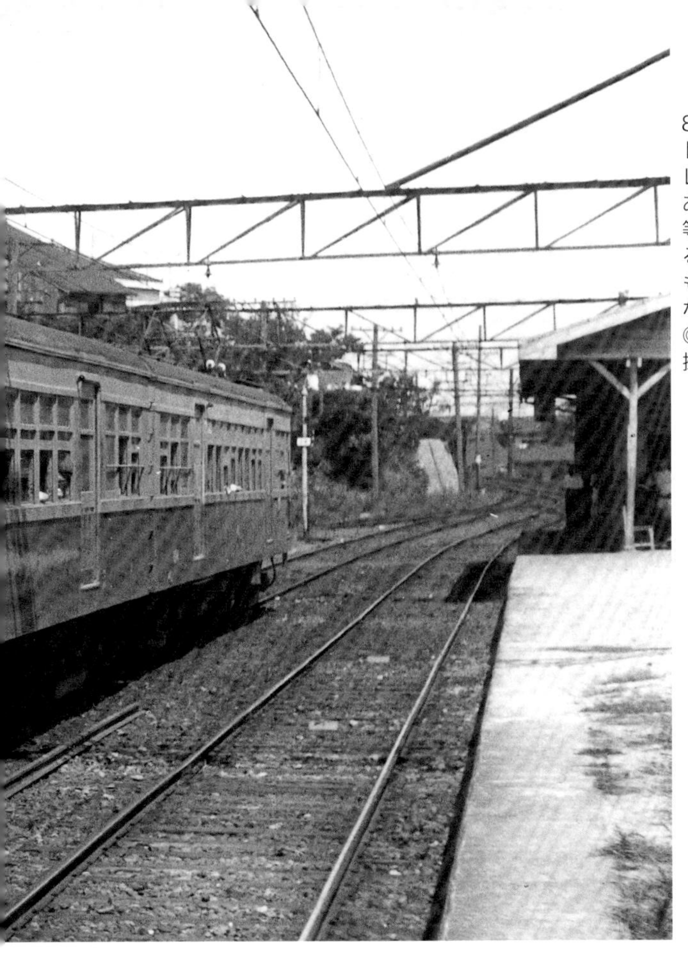

820形特急時代。写真手前は820形825。転換クロスシートを備えた820形は、同形の850形と並んで、国鉄二等車レベルのシートを備えながら、運賃のみで乗車できるとあって、相当な人気を得た。写真当時の国鉄二等車は、三等級制時代の二等車、後の二等級制時代の一等車に相当する。一等や二等の場合、一等や二等の料金のほかに、運賃も等級に応じた割増料金で、現在のグリーン車よりも贅沢なものだった。
◎電鉄須磨　1951（昭和26）年８月26日
撮影：伊藤威信（RGG）

高架駅の電鉄須磨駅（現・山陽須磨駅）で電車を待つ人々。駅は、昭和20年代はじめに高架化された。国鉄須磨駅とは近く、現在も山陽須磨駅とJRの須磨駅は150mほど。写真には2000系2011が写る。2000系４次車で、スキンステンレス車。２扉のステンレスカーというスタイルで人気があった。◎電鉄須磨　1962（昭和37）年９月１日　撮影：荻原二郎

2011

1968（昭和43）年４月７日、神戸高速鉄道東西線の開業によって阪急・阪神との相互直通運転を開始。須磨浦公園駅は乗り入れ列車の折り返し駅となった。写真は開業当日の須磨浦公園駅の混雑。直通で大阪方面からも多数初乗り客が訪れた。この日は神戸高速鉄道東西線だけではなく、神戸電気鉄道（現・神戸電鉄）が乗り入れる神戸高速鉄道南北線も開業日で、新開地駅で乗り換えて須磨浦公園駅を訪れた利用者も多かった。これだけの混雑になったのは、須磨浦山上遊園の花見のシーズンとバッティングしていたこともある。◎須磨浦公園　1968（昭和43）年４月７日　撮影：朝日新聞社

山陽電車
須磨浦公園駅
神戸高速開通=山陽·阪急·阪神相互乗り入れ記念
春の須磨浦カーニバル
3月24
出口
改札口

2000系５次車にあたるステンレス車両で1962（昭和37）年製。４次車と同じくスキンステンレス車だが、５次車のアルミ車と同じ３扉車両。電鉄兵庫行を後追い撮影で写真手前から2015＋2506＋2014。写真右上の傾斜した構造物は須磨浦ロープウェイである。◎須磨浦公園　1968（昭和43）年１月20日　撮影：日暮昭彦

非貫通３枚窓の250形。小型車100形の台車や機器を流用し、新造した大型の車体を載せて更新したのが250形。特急や急行に大型車が導入される中、普通列車用の大型化を進めた。1951（昭和26）～ 1954（昭和29）年の間に250 ～ 257が製造され、写真の254＋255は全鋼製車体の２次車にあたる。行先表示板に明石（西新町）とある。
◎須磨浦公園　1968（昭和43）年１月20日　撮影：日暮昭彦

国鉄山陽本線の鷹取～西明石間複々線完成日の空撮写真。海側４線が国鉄山陽本線で、山側の複線が山陽電鉄。山陽電鉄の駅間は、写真手前から電鉄塩屋駅（現・山陽塩屋駅）～滝の茶屋駅間。山陽電鉄の奥に写るプラットホームは滝の茶屋駅。
◎1965（昭和40）年３月28日
撮影：朝日新聞社

820形２連に270形（写真奥）を連結した３両編成。写真は神戸高速鉄道東西線開業日の撮影で、同線乗り入れを示す新開地～姫路の行先表示板が付く。820形や850形は、17m級車のため、神戸高速鉄道東西線までは乗り入れできても、相互乗り入れ先の阪急神戸線や阪神本線までは入線できなかった。◎霞ヶ丘　1968（昭和43）年４月７日　撮影：荻原二郎

新開地
姫路
828

200形221が写る。元は複電圧車の100番台。3扉車で、前面の通風器はなくベンチレーターに変更された1943（昭和18）年製。末期製スタイルの200形とは異なり、まだ丸みのある流線形を保っていた。元はポール集電だったが、パンタグラフに。乗降口のホールディングステップ撤去後の大形の車両限界に合わせたステップの出っ張りが写るが、プラットホームが少しでもカーブしていると、写真のように結構離れていた。ホームにランドセルを背負った電車通学の小学生。
◎電鉄明石　1961（昭和36）年3月7日
撮影：宮地 元（RGG）

神戸姫路間
221
たばこ
手荷物
自転車
一時預り所
木下商店
書籍雑誌
本町日活
男は度胸

国鉄山陽本線との並走区間。写真左側の複線が山陽電鉄。右側の国鉄山陽本線では複々線の建設工事が行われている。翌年写真奥の国鉄明石駅が高架駅になる。写真中ほどに写るのは、山陽電鉄人丸前駅。地上駅時代を空撮した貴重な写真ではないだろうか。その先奥に写るのは、地上時代の電鉄明石駅（現・山陽明石駅）。現在は人丸前駅ともども高架駅になっている。
◎1963（昭和38）年９月20日　撮影：朝日新聞社

半流線形非貫通スタイルの2000系。19m級の高性能車でサイドから見るとその長さと優美さがより感じられる。写真手前に写るのは、1957（昭和32）年製の２次車2006。狭窓が並ぶ向うに転換クロスシートが見える。中間車は、1963（昭和38）年製の2008。2000系の３両編成化のために製造された３扉車で２扉車と組んで乗客をさばいた。
◎電鉄明石　1968（昭和43）年１月20日　撮影：日暮昭彦

電鉄明石駅から見た風景。写真奥の高架駅は国鉄明石駅。目を電鉄明石駅のホームへ移すと、様々な広告看板が並ぶ。やはり、昔から開業医の看板が多い。駅名標後ろの室内装飾と記された看板の店は兵庫区大開通で、大開通という戦中に休止、戦後に廃止された山陽電鉄の貨物駅があった（長田駅の隣）。写真左側を見ると、ウバ（乳母）車店や製鉄関連会社の看板も並び、なかなか見ていて楽しい。◎電鉄明石　1968（昭和43）年１月20日　撮影：日暮昭彦

古びた駅舎が残っていた電鉄明石駅。正面出入口の上に「祝 山陽 阪急 阪神相互乗入れ開始」とあり、翌日の神戸高速鉄道東西線の開業を祝している。この駅舎はその後修繕や改装などを行って駅の高架化まで存在した。
◎電鉄明石　1968(昭和43)年4月6日　撮影：荻原二郎

電鉄明石駅舎横の踏切を行く3000系第２編成の3002。アルミ合金製の3000系１次車で、古い駅舎とのコラボレーションが異彩を放っていた。現在は高架駅であり、このようなシーンも昔語りとなった。
◎電鉄明石　1968（昭和43）年４月７日　撮影：荻原二郎

国鉄山陽本線車内からの撮影。クリームとネービーブルー（濃紺）のツートンカラーで駆ける700形の急行。700形（当初は800形）は、戦災などで車両不足に陥った私鉄へ当時の運輸省が割り当てた63系を使用した例で、山陽電鉄は標準軌としては唯一の採用例だった。800形として1947（昭和22）年３月に落成が始まり、まず網干線界隈の運用に。翌年1948（昭和23）年からは区間を限定して本線で運用を開始した。同年10月に電鉄兵庫〜電鉄須磨間の架線電圧を1500Ｖへ昇圧。これで電鉄

兵庫～電鉄姫路間の架線電圧が1500Ｖとなり、同年12月に電鉄兵庫～電鉄姫路間の急行運用に入った。1949（昭和24）年に800形から700形に。落成時や運用開始当初は63系譲りの三段窓だったが、後に二段窓となり、併用軌道走行のための側面窓への保護棒取り付けなどを行った。保護棒は、万一の救援時に支障とならないよう、少し低い位置に取り付けていた、
◎電鉄明石～西新町　1963（昭和38）年10月13日　撮影：荒川好夫（RGG）

中八木〜江井ヶ島間の車内にて遭遇の「特試」の標識を付けた2000系2010。2011や1960（昭和35）年に製造された試作車2500との３両編成で試運転に挑む姿。２扉の４次車１次ステンレス車による編成である。写真には60年前の沿線風景も写る。現在は宅地化されている。
◎江井ヶ島〜中八木
1961（昭和36）年３月７日
撮影：宮地 元（RGG）

2010

2700系３扉車の2704他。700形の台車や機器を使って2000系同様の車体を載せたのは、1957(昭和32)年登場の2700系２扉車2700や2701と同じ手法だが、2702以降は車体を2000系３扉バージョンとし、全金属車体のロングシート車になった。1964(昭和39)年から700形の更新車として登場。併用軌道が存在した時代に製造したため、側面窓に保護棒が見られる。
◎西新町車庫　1968(昭和43)年１月21日　撮影：日暮昭彦

20m級の車体長を持つ700形は、車庫でも異彩を放っていた。写真を見ると、700形後方車の戸袋窓には保護棒があるが、写真手前の714には戸袋窓の保護棒がないのがわかる。撮影は700形末期の頃。700形は2700系へ台車や機器を流用した車両のほかは、一部を除いて廃車が進み、現在は残っていない。
◎東二見車庫　1968(昭和43)年１月21日
撮影：日暮昭彦

車庫は、日頃の本線で見掛けるチャンスが少ない車両に出会える楽しさがある。写真は両運転台の電動有蓋車、モワ5。当時の山陽電鉄には同様な電動有蓋車の仲間が存在した。車体の中ほど上に社章が見られる。
◎東二見車庫　1968(昭和43)年1月21日　撮影：日暮昭彦

東二見車庫で並ぶ2700系３扉車と電動有蓋車のモワ４。2700系の２両は2712と2714で、新車当時の頃。神戸高速鉄道の開業を春にひかえて、2700系の増結用としてこの２両が製造された。製造間もない新車と電動有蓋車が並ぶシーンが、いかにも車庫らしい。◎東二見車庫　1968(昭和43)年１月21日　撮影：日暮昭彦

2712

200形の230。1945（昭和20）年製で600Ｖと1500Ｖ両用の複電圧車（100番台）として登場。戦後に1500Ｖへの統一によって100番台（複電圧車）と200番台（600Ｖ車）の区別が無くなり、200 ～の番号へ付番し直されて230となった。戦中末期の製造のため、スタイルは簡略化により直線的で、曲線美による流線形の同型車とは異なる。写真はイエロー系のクリームとネービーブルーの当時の標準色に塗られた姿で、その前は茶色であった。写真撮影の翌年、1969（昭和44）年に廃車。
◎東二見車庫　1968（昭和43）年１月21日　撮影：日暮昭彦

電鉄別府駅付近で後追い撮影の2700系。トップナンバー2700と2701のコンビ。当時はすでにロングシート化されていたが、転換クロスシート時代の狭窓や２扉でスマートな外観だった。2700の下をくぐるのは、別府鉄道土山線の線路。勾配標がＬ（水平）を示し、反対側の黒の部分が下り勾配を示すことから、写真左側が高架盛土上の電鉄別府駅側で、南側から撮影した写真と思われる。本荘駅は1991（平成３）年に播磨町駅に改称された。
◎本荘～電鉄別府
1968（昭和43）年１月21日
撮影：日暮昭彦

3000系２次車鋼製車の特急が通過する高架駅の電鉄別府駅（現・別府駅）。現在は、写真右側の位置に山陽新幹線の高架橋が隣接する。山陽新幹線新大阪～岡山間の開業は1972（昭和47）年３月で、当時はまだその姿がない。写真左側奥に旧駅舎が見える。石垣上に建っていた駅舎だったが、1988（昭和63）年に高架の下に新築の駅舎が建った。ちなみに当時は、この駅の駅端下で別府鉄道野口線が交差していた。◎電鉄別府　1968（昭和43）年１月21日　撮影：日暮昭彦

牧歌的な風景だった電鉄別府駅の駅裏で北側。山陽電鉄に隣接する山陽新幹線の高架はまだなく、遮るものなく電鉄別府駅や山陽電鉄の高架築堤を望むことができた。走行するのは2000系。３扉の中間車を連結する。ちなみに別府は「べふ」と読む。高架の盛土が築かれたのは、先に開業していた別府鉄道の２路線を越えるためで、写真では同鉄道が非電化のため架線柱がなく解りづらいが、2000系の中間車の下あたりの築堤で土山線、ホーム手前のコンクリート部で野口線と交差している。現在で

は両線とも廃線となっている。この写真が駅北側からだと判断できたのは、電鉄別府駅のホームの向うに非常にうっすらと南側の駅舎の屋根が写っていたからで、駅舎は高架の高さに合わせた石垣上にあり、まるで石垣上に築かれた城のような趣だった。◎電鉄別府〜本荘　1968(昭和43)年1月21日　撮影：日暮昭彦

200形の２扉車208が写る。前面上に通風器が見られる。1938（昭和13）年に製造された元は600Ｖ車で、曲線を活かした流線形だった。塗色は、青緑とクリームのツートンから戦時中に茶色へ。写真は戦後改造の姿で、600Ｖ用から1500Ｖ用になり、トロリーポールからパンタグラフに。乗降口扉と連動のホールディングステップは撤去され、大形車両に合わせたステップが出っ張った。同車は写真の後、台車や機器を流用され、全金属車体と合わせた更新車の300形となった。
◎電鉄高砂　1961（昭和36）年３月７日　撮影：宮地 元（RGG）

神戸
姫路間
208

高砂市は兵庫県有数の工業地帯としても知られる。写真は1971（昭和46）年当時の様子。背景に加古川を望む高砂の市街地が写る。手前が電鉄高砂駅（現・高砂駅）で特急停車の主要駅。付近には当時国鉄高砂線高砂北口駅もあった。
◎1971（昭和46）年９月１日　撮影：朝日新聞社

270形282が先頭車の普通新開地行がやってきた。270形は250形の後期タイプだが、250形とは構造のほかスタイルも異なり、分けて270形と呼ばれた。奥行のある座面の低い座り心地の良いロングシートを備え、登場当初は特急にも運用された形式。幅の広いプラットホームに親子連れ。梅雨入りしたかどうかの初夏のひとコマ。◎的形　1975(昭和50)年6月16日　撮影：荒川好夫(RGG)

通勤形として普通列車に運用当時の820形。ロングシート化された後年の姿だ。写真の820形827は、特急運用で話題を集めていた1951(昭和26)年に西代車庫の火災で焼失し、その後同等の新造車体に載せ替えるなどして復帰した歴史を持つ。写真当時の駅名は電鉄高砂駅、現在は高砂駅である。
◎電鉄高砂　1975(昭和50)年6月16日
撮影：荒川好夫(RGG)

相対式ホーム2面2線の的形駅で撮影の300形。旧型の200形機器を流用し、広めの幅の金属車体を載せ、戦前からの車体幅の狭い車両を無くしていった。写真の321は1967(昭和42)年製造。的形駅の南には潮干狩場や海水浴場があることで知られ、小赤壁と呼ばれる絶壁の景勝地も有名である。◎的形　1975(昭和50)年6月16日　撮影：荒川好夫(RGG)

2000系４次車ステンレスカーによる普通新開地行。駅近くにはかつて国鉄飾磨港線があり亀山駅があった。飾磨港線は1986（昭和61）年に廃止となり、その後、1991（平成３）年に電鉄亀山駅から亀山駅へ改称した。駅近くの遊歩道が飾磨港線の廃線跡で、同線の亀山駅のプラットホーム跡が残っている。◎電鉄亀山　1981（昭和56）年１月27日　撮影：荻原二郎

姫路駅前のランドマーク的存在である山陽百貨店。写真は昭和の百貨店という雰囲気だった50年代前半の様子。当時の電鉄姫路駅の出札窓口は百貨店1階にあったが、現在は2階にある。写真左端に「国鉄高架を実現し〜」というPR看板が見えている。山陽電鉄はすでに高架駅だったが、国鉄姫路駅は地上駅のままで、高架化が実現するのはまだ先のことだ。
◎電鉄姫路　1978(昭和53)年　撮影：山田虎雄

末期ごろの850形で、普通新開地行。かつての特急用ロマンスカーも時代の波には逆らえず、普通列車の運用で余生を送っていた。新造時には無かった貫通扉や行先表示幕、種別幕がすっかり定着していたが、ロマンスカーとして名を馳せた当時の2扉車の面影は残し、今で言うレトロな感覚でファンには人気があった。◎手柄　1981（昭和56）年1月27日　撮影：荻原二郎

A

日頃は車庫でひっそりしているのが事業用の車両。写真の事業用車は、クホ71。片運転台の無蓋車で付随車。クホのホはホッパ車から。保線作業に無くてはならない存在で、線路のバラストを運搬したり、撒布を行ったりした。
◎飾磨車庫　1968（昭和43）年１月20日　撮影：日暮昭彦

電鉄姫路駅（現・山陽姫路駅）に停車中の3000系特急。ターミナルデパートの山陽百貨店と一体となった高架駅で、頭端式ホームである。現在は阪神梅田駅との直通特急も発着する。駅の位置は国鉄（現・JR）姫路駅の北側で、山陽電鉄は高架駅、JRは地上駅だったが、現在はJRの姫路駅も高架駅となり、山陽百貨店２階に位置する山陽姫路駅とJR姫路駅の駅ビル「ピオレ姫路」が幅の広いデッキで結ばれ、相乗効果を生んでいる。◎電鉄姫路　1968（昭和43）年１月20日　撮影；日暮昭彦

1967(昭和42)年10月に竣工したばかりの3000系3012+3013+3606の編成。揚揚と特急運用に活躍中。写真左の奥には、地上と高架を結ぶ物資運搬用のエレベーターと上屋が写る。余談だが、3606の横に「卸価よりまだ安い」と宣伝文句が入った紳士服の看板が写り、「この下」と右下にある。つまり、高架下に店があるということだろう。
◎電鉄姫路　1968(昭和43)年1月20日　撮影：日暮昭彦

303
姫
路

電鉄姫路駅(現・山陽姫路駅)の高架駅構内を行く300形。300形は3扉で座席が少なく、混雑時に重宝された。駅の高架化は1954(昭和29)年のこと。写真当時はまだ山陽新幹線は開業していないため新幹線の高架はなく、1966(昭和41)年に開業した姫路モノレールの高架が写真左に写る。国鉄山陽本線は地上で写っていない(現在は高架化)。姫路市交通局によって開業した姫路モノレールは、姫路〜手柄山間を結んだが、1974(昭和49)年に休止、その後廃止となった。写真のように大きくカーブするのは、駅が東へ戻るようにカーブした先に位置するためだ。
◎電鉄姫路
1968(昭和43)年1月20日
撮影:日暮昭彦

写真左下、国鉄山陽本線を乗り越す山陽電鉄。現在はこの反対でJRが高架線になって山陽電鉄を跨ぐ。電鉄姫路駅（現・山陽姫路駅）が国鉄姫路駅と並ぶ位置にあるため、大きくカーブを描きながら高架駅の電鉄姫路駅へ向かう様子が捉えられている。電鉄姫路駅の頭端式ホームの先に駅舎や山陽百貨店が見られる。当時の山陽百貨店は地上４階までだった。
◎1959（昭和34）年２月１日　撮影：朝日新聞社

網干線を走る270形286。短い17m級で設計された車体を載せた270形だが、19m級の特急用2000系の車体設計をベースにしたスタイルとあって、スマートな印象だった。ただし、駆動装置などの下回りは、旧型の100形や1000形の機器を流用。電鉄成長期の苦心が見え隠れした。写真の270形286ほかは３次車で1961（昭和36）年製。
◎電鉄飾磨～西飾磨　1968（昭和43）年１月20日　撮影：日暮昭彦

木造のプラットホーム上屋が建っていたかつての駅風景。300形が姫路行（電鉄姫路行）の行先表示を掲げている。同形は全金属車体だが、旧型機器流用のため、乗り心地はあまり良くなかった。
◎電鉄網干　1968（昭和43）年1月20日　撮影：日暮昭彦

270形282ほかの姫路行。270形は旧型の機器を使った更新車だが、車体は新造の幅の広い17m級軽量車体で、写真当時は多くの製鉄マンたちを運んだ。撮影地の夢前川駅は、日本製鐵広畑製鐵所が誕生した翌年の1940（昭和15）年に開業。広畑製鐵所は後に新日本製鐵の製鐵所となり、最盛期には駅近辺に社宅が並び、同駅は製鐵所の東門最寄り駅として賑わった。
◎夢前川　1965（昭和40）年３月３日　撮影：荻原二郎

網干線の終着駅である電鉄網干駅（現・山陽網干駅）は、網干の中心地に位置し、JRの山陽本線網干駅とは3.2kmほど離れている。写真は1941（昭和16）年築の駅舎で、駅開業当初から長年網干の玄関口として親しまれたが、1990（平成２）年の駅舎移転により姿を消した。◎電鉄網干　1965（昭和40）年３月３日　撮影：荻原二郎

4章
モノクロフィルムで記録された
神戸電鉄

デニ11形デニ13。手荷物室を備えた旅客車として、湊川～電鉄有馬（現・有馬温泉）間開業前に竣工。写真は古参車として運用を続けていた当時で、栗生線の電鉄小野（現・小野）行。栗生線の古きよき時代を物語るワンシーンだ。
◎鈴蘭台西口付近　1963（昭和38）年　撮影：佐野正武

神戸高速鉄道南北線の開業日。アンチクライマーが付く旧型車のデ101形が有馬温泉行の行先表示を掲げて停車する。デ101形は、神戸有馬電気鉄道（現・神戸電鉄）開業の翌年にあたる1929（昭和４）年に製造。半鋼製車体の両運転台車である。写真を見ると開業日とあって、片開き扉の２扉車へ乗客が詰めかけている。戦後の改造で自動乗降扉となり、蛍光灯の室内灯が備わっていた。当時の塗装は灰色とオレンジのツートンカラー。デ１形とともに主力車両として活躍を続けたデ101形だったが、1971（昭和46）年までに全てのデ101形が引退。しかし、写真のデ101形デ101は、乗降扉の撤去などを行い鈴蘭台車庫の構内用入換車として長く使用され、近年解体予定だったが、クラウドファンディングでの資金調達で目標額を上回り、保存の目途が付いている。◎新開地　1968（昭和43）年４月７日　撮影：荻原二郎

地下1階が神戸電気鉄道（現・神戸電鉄）新開地駅。神戸高速鉄道南北線（現・神戸電鉄神戸高速線）の起点駅で頭端式ホーム。写真奥が湊川・有馬温泉方面である、写るのはデ1000形1007＋1008の編成。新開地駅開業日の真新しい駅と1967（昭和42）年10月に竣工した新車との組み合わせだ。◎新開地　1968（昭和43）年4月7日　撮影：日暮昭彦

神戸有馬電気鉄道時代からの駅舎。写真当時は半地下にプラットホームがあった時代で、この駅で行止まりのターミナル駅だった。写真にはホームへ通じる改札口が写っている。駅舎は湊川公園の下に位置し、現在も同じ位置に改修を重ねつつ現存。駅舎中ほどの時計台跡も残る。時計台のある駅舎の姿は、戦前の駅スタンプにも見られた。
◎湊川　1961（昭和36）年5月2日　撮影：荻原二郎

神戸高速鉄道南北線（現・神戸電鉄神戸高速線）開業日の撮影。地下１階に改札口、地下２階にプラットホームが移転し、駅舎正面から見えた改札口が見られない。実は前日に神戸高速鉄道南北線は回送線として使用を開始しており、開業前日の４月６日は湊川駅発着で運行された。写真はその翌日の正式な開業日で、この日から神戸高速鉄道南北線を介した途中駅となった。
◎湊川　1968（昭和43）年４月７日　撮影：荻原二郎

有馬温泉ゆ
鉄のりば
有馬・三田・三木・小野・粟生 方面ゆき
大阪・京都・姫路 方面(阪急 阪神 山陽 各電鉄)連絡
神戸電鉄・湊川駅のりば
湊川駅完成 祝 新開地駅乗り入れ
開通
ハイキング
神戸電鉄

デ300形303＋304。写真は神戸高速鉄道南北線開業日の様子。奥が湊川・新開地方面。デ300形は1960（昭和35）年製の神鉄初の高性能車。全電動車編成18m級車で、全鋼製車体の２扉セミクロスシート車だった。湘南窓タイプの非貫通２枚窓が特徴。後に増備のデ310形311以降は貫通型３枚窓のロングシートであり、同じ300系でも印象が異なった。写真は当時の鈴蘭台駅。すでに住宅地の駅として賑わい始めていたが、当時のデ300形は２両編成で運行していた。その後、神戸高速鉄道開業を機に人口が急増。デ300形は、1970年代に入るとロングシート化や３扉化が施され、デ310形を中間にサンドした4両編成の時代へ入っていった。◎鈴蘭台　1968（昭和43）年４月７日　撮影：日暮昭彦

湊川の次の駅長田駅。この駅も電鉄が駅名に付いたことがない。山陽電鉄にかつて長田駅があり、後に開業した神鉄の長田駅は電鉄長田駅となってもと思ってしまうが、山陽電鉄も他と同名の駅名に電鉄を付けていた時代があり、電鉄長田駅だとどちらの駅なのか紛らわしいことになっただろう。そういったこともあってか、山陽電鉄の長田駅と共存した時代も長田駅だった。◎長田　1968（昭和43）年４月７日　撮影：荻原二郎

駅の標高は134m。湊川寄りの隣駅である丸山駅（当時は電鉄丸山駅）との標高差は39m。鵯越駅は六甲山系への登山者やハイカーの下車駅。ただし、この写真の日は神戸高速鉄道南北線の開業日で、新開地への乗り入れが開始された日。さらに、同鉄道東西線も同時開業で、阪急、阪神、山陽電鉄の相互直通運転も開始された日。新開地駅は南北線と東西線の両線の駅で、神戸高速鉄道を介して訪れた初乗り客の影響で休日の駅が賑わっているのかもしれない。
◎鵯越　1968（昭和43）年４月７日　撮影：荻原二郎

デ810形の２両編成が菊水山駅に到着するところ。同駅は鵯越～鈴蘭台間にあった駅。駅周辺は山中で住宅地はなく、ハイカーなどが訪れる程度だった。2005（平成17）年の休止後、2018（平成30）年に廃止された。800系に属するデ810形は２両のみの形式で、1965（昭和40）年製。両開き扉の片運転台車だった。◎菊水山　1968（昭和43）年４月７日　撮影：荻原二郎

戦前は遊興を兼ねた避暑地だった駅周辺。そのような時代の薫りが残っていたような駅舎が建っていた。写真当時は人口急増前の時代。その後は、ベッドタウンとして急発展していった。小部駅から鈴蘭台へ駅名改称したのは、地名改称と同年の1932（昭和７）年。2022（令和４）年で改称90周年である。
◎鈴蘭台
1961（昭和36）年５月２日
撮影：荻原二郎

1961（昭和36）年当時の鈴蘭台駅の駅名標。北鈴蘭台駅が未開業の頃で、有馬線の次駅が山の街駅になっている。さらに神戸市兵庫区となっており、人口増加で兵庫区から分区する前。分区は1973（昭和48）年で、兵庫区から分区して新たに北区となり、鈴蘭台が区役所所在地に。北区の中心地としてベッドタウンとして発展を遂げていった。
◎鈴蘭台　1961（昭和36）年５月２日
撮影：荻原二郎

写真は昭和60年代の鈴蘭台駅舎。駅は神戸市北区の中心地鈴蘭台の玄関口。近年、駅前や周辺の再開発が完成を迎え、写真の駅舎も懐かしい姿となった。現在は橋上駅舎となり、区役所入居の商業施設「ベルスト鈴蘭台」と結ばれている。
◎鈴蘭台 昭和60年代　撮影：山田虎雄

デ201形デ205。デ201形は、私鉄郊外電車設計要項による運輸省規格型の車両で1948（昭和23）年製。当初は３枚窓非貫通の両運転台車でデ101形と似たスタイルで登場したが、デ201形は窓が二段上昇式で一段上昇式のデ101形と異なった。写真は３枚窓非貫通を貫通型に改造後の姿。他のデ201形は片側のみ貫通化して片側運転台となった（デ201は後年有馬側が復活）が、デ205は両側を貫通化し、運転台を端に移設して両運転台車とされた。1970年代初期に３両固定編成で運用の後に廃車を迎えた。◎鈴蘭台　1968（昭和43）年４月７日　撮影：日暮昭彦

ひと際目立った３枚窓の流線形車両クハ151形151。元は神中鉄道（現・相模鉄道）キハ50形キハ51で、同鉄道から神戸有馬電気鉄道へ譲渡され、戦中に制御車改造を行った。写真を見ると神戸～鈴蘭台間の行先表示板を掲げている。その横の塗装がはげ落ちているなど古めかしく、写真の数年後に廃車となった。◎鈴蘭台　1968（昭和43）年４月７日　撮影：日暮昭彦

デ860形865が写る。デ860形は旧型車の機器を活かして高性能車風の車体を載せた更新車800系列の形式で、1966（昭和41）年～1968（昭和43）年の間に５両が登場。両開き扉の両運転台車だが、写真の865は片運転台＋簡易運転台を備えた。1970年代に入って800系列の３両固定編成化が進む中で余剰が生じた865は、1972（昭和47）年に1100系サ1200形1213となった。◎鈴蘭台　1968（昭和43）年４月７日　撮影：日暮昭彦

ED2001形2001。1949（昭和24）年三菱製。元は貨物輸送のために導入されたが、当時は保線や新車搬入で稼働していた。パンタグラフは後年１基が外されるが、写真当時は２基搭載時代。平成に入っても活躍し、700形701に改番。バラスト積載のホッパ車を牽引する様子は名物であった。2011（平成23）年に廃車。
◎鈴蘭台　1968（昭和43）年４月７日　撮影：日暮昭彦

鈴蘭台車庫でのデ101形デ102。デ101形の中には、機器流用によって800系更新車となったデ107やデ110のほか、廃車後に電動貨車へ部品が使用されたデ106とデ108や、車籍のない構内入換車として生き残ったデ101があったが、このデ102～デ105、デ109は1971（昭和46）年の廃車後に解体されている。◎鈴蘭台　1968（昭和43）年４月７日　撮影：日暮昭彦

貨物の種別板を掲げるデト1001形デト1001。1929（昭和４）年製の電動貨車。無蓋貨物スペースを両端の運転台で挟み、パンタグラフの下は有蓋貨物スペースである。単行のほか貨車の牽引も行った。写真は末期頃の様子。その後、デ1形とともに機器類が800系へ流用された。◎鈴蘭台　1961（昭和36）年５月２日　撮影：荻原二郎

貨
1001
全国最高水準品
印煉炭
港煉炭株式会社
石嶋商事株式会社
旅館
山水
有馬観光旅館

有馬温泉駅は神鉄の中で最も標高が高い駅。私鉄の温泉終着駅らしい頭端式ホームである。頭端式ホームの先には、アール・ヌーヴォーの息吹を感じさせた洋館風の旧駅舎が写る。駅構内の写真右側に写るのは、かつて存在した貨物ホームと引込線だ。
◎有馬温泉　1967(昭和42)年7月13日
撮影：朝日新聞社

1928（昭和３）年11月に湊川～電鉄有馬（現・有馬温泉）間開業とともに開業。翌月には三田間の路線が開業して分岐駅となった。有馬温泉の入口的な意味から、唐櫃駅から改称して有馬温泉口駅の駅名だった時代もあった。1954（昭和29）年に現駅名の有馬口駅に。写真の「有馬温泉ゆき のりかえ」の案内が存在感を出している。
◎有馬口　1961（昭和36）年５月２日
撮影：荻原二郎

ホームの待合所に駅名標と電灯が付く。写真当時の正式な社名は神戸電気鉄道だが、駅名標には当時はまだ通称だった神戸電鉄とある。山陽電気鉄道を山陽電鉄と通称するのと同じだが、山陽電鉄と異なるのは、神戸電気鉄道は後年に通称の神戸電鉄を正式な社名にしたことだ。◎二郎　1961（昭和36）年５月２日　撮影：荻原二郎

駅名は面白い。二郎駅は決して「じろうえき」ではない。写真の通り「にろ」と言いたいところだが、現在は「にろう」へと読みが変わっている。1979（昭和54）年に変更された。写真当時も現在もこの駅は神戸市内。駅名標に記されているように、当時は神戸市兵庫区、現在は兵庫区から分区した神戸市北区に所在する。駅名標を撮影しておくと、後々に資料的価値が生まれる。◎二郎　1961（昭和36）年5月2日　撮影：荻原二郎

プラットホーム２面で頭端式ホームの三田駅。三田駅は駅名に電鉄が付いた時期がない。写真右側のホームには車輪や資材が置かれている。写真左端は貨物ホームで現存しない。現在も頭端式ホームで基本的な構造は変わらないが、プラットホームの延伸などの改修工事で雰囲気は変化している。写真は60年前の様子で、写る車両は1928（昭和３）年生まれのデ１形デ５。機器流用による800系への更新はまだ先の頃で、当時はまだ運用に欠かせない存在であり続けていた。
◎三田　1961（昭和36）年５月１日　撮影：荻原二郎

関西では馴染みの地名駅名で、三田と書いて「さんだ」と読む。駅の出入口向うに頭端式ホームの姿が見える。写真当時は神戸電気鉄道時代だが、駅出入口などには略した現行社名の神戸電鉄とある。ちなみに写真を見ると鉄の字が「鉄を失う」ではなく金偏に矢になっている。写真当時の駅前は空が高く、駅前広場が広がっていた。実は現在も同じ位置に駅舎があり、写真に写る駅舎を修繕・改装して使用しているが、写真当時は空を遮る構造物が無く、駅舎を隠すようにずらりと埋め尽くす自販機の列も無かったため、当時と現在では全く印象が異なる。
◎三田　1961（昭和36）年5月1日
撮影：荻原二郎

デ1形デ5。湊川～電鉄有馬（現・有馬温泉）間の開業に備えて製造された1928（昭和3）年製。半鋼製車で15m級。急勾配が連続する区間が多く、小型車に似合わず強力な主電動機を搭載。下り勾配対策として発電ブレーキによる抑速機能も組み込まれている。これは以後の車両でも特徴である。アンチクライマーが付いた懐かしい神鉄の旧型車。急行の種別板が付く。
◎電鉄三木　1959（昭和34）年1月16日　撮影：荻原二郎

国鉄加古川線ホームから見た神戸電気鉄道（現・神戸電鉄）のホーム。手前側は国鉄加古川線でホームに大量の小荷物が積んである。当時は神戸電気鉄道が正式な社名だったが、駅の案内板等では神戸電鉄の通称を使っており、写真ののりかえ案内などに見られる。◎粟生　撮影日不詳　撮影：山田虎雄

小野市の中心駅、電鉄小野駅（現・小野駅）。駅の開業は1951（昭和26）年12月で、それまでは川を挟んだ国鉄加古川線の小野町駅が玄関口だった。写真を見ると駅舎には小さく電鉄とあり、その横に小野駅とある。その前方には神戸電気鉄道の通称だった神戸電鉄と小野駅の表示も見られ、写真右側には「有馬ヘルスセンター」の看板が立つ。駅前に並ぶ車も懐かしい。現在は橋上駅舎になっている。◎電鉄小野　1965（昭和40）年頃

国鉄（現・JR）との共同使用駅である粟生駅。共同駅で駅名に電鉄が付いた時代はない。写真右の４番のりばに停車するのが粟生線。写真奥は行止り。写真左は国鉄加古川線で左のプラットホーム奥の左が国鉄北条線（現・北条鉄道）。粟生線と加古川線との共用ホームに立つ駅名標は国鉄タイプの鳥居型駅名標だが、駅名標の神鉄側には次駅表示に「はた」とあり、粟生線次駅の葉多駅が表示されている。現在はこの共用ホームから乗降はできず、写真右側の向かいにホームを新設し、そこで乗降が行われている。ちなみに、当時は共用ホームの加古川線側は１番のりばだったが、現在は２番のりばへ改番されている。
◎粟生　1963（昭和38）年３月10日　撮影：荻原二郎

山陽電鉄

【本線】

西代　にしだい
【所在地】兵庫県神戸市長田区御屋敷通2-6-1
【開業】1910（明治43）年3月15日
【キロ程】0.0km（西代起点）【ホーム】2面2線

板宿　いたやど
【所在地】兵庫県神戸市須磨区平田町3-3-10
【開業】1910（明治43）年3月15日
【キロ程】1.0km（西代起点）【ホーム】2面2線

東須磨　ひがしすま
【所在地】兵庫県神戸市須磨区若木町1-1-1
【開業】1910（明治43）年3月15日
（大手→須磨東口→東須磨）
【キロ程】1.8km（西代起点）【ホーム】2面4線

月見山　つきみやま
【所在地】兵庫県神戸市須磨区月見山町2-2-1
【開業】1910（明治43）年3月15日
【キロ程】2.6km（西代起点）【ホーム】2面2線

須磨寺　すまでら
【所在地】兵庫県神戸市須磨区須磨寺町1-13-1
【開業】1910（明治43）年3月15日
【キロ程】3.3km（西代起点）【ホーム】2面2線

山陽須磨　さんようすま
【所在地】兵庫県神戸市須磨区須磨浦通5-7-2
【開業】1910（明治43）年3月15日
（須磨→須磨駅前→電鉄須磨→山陽須磨）
【キロ程】3.7km（西代起点）【ホーム】2面4線

須磨浦公園　すまうらこうえん
【所在地】兵庫県神戸市須磨区一の谷町5-3-2
【開業】1948（昭和23）年9月30日
【キロ程】5.1km（西代起点）【ホーム】2面2線

山陽塩屋　さんようしおや
【所在地】兵庫県神戸市垂水区塩屋町1-2-46
【開業】1913（大正2）年5月11日
（塩屋→電鉄塩屋→山陽塩屋）
【キロ程】6.8km（西代起点）【ホーム】2面2線

滝の茶屋　たきのちゃや
【所在地】兵庫県神戸市垂水区城が丘1-1-1
【開業】1917（大正6）年4月12日
【キロ程】7.8km（西代起点）【ホーム】2面2線

東垂水　ひがしたるみ
【所在地】兵庫県神戸市垂水区平磯2-1-1
【開業】1917（大正6）年4月12日
【キロ程】8.6km（西代起点）【ホーム】2面2線

山陽垂水　さんようたるみ
【所在地】兵庫県神戸市垂水区神田町1-37
【開業】1917（大正6）年4月12日
（垂水→電鉄垂水→山陽垂水）
【キロ程】9.6km（西代起点）【ホーム】2面2線

霞ヶ丘　かすみがおか
【所在地】兵庫県神戸市垂水区五色山5-7-4
【開業】1964（昭和39）年6月1日
【キロ程】10.7km（西代起点）【ホーム】2面4線

舞子公園　まいここうえん
【所在地】兵庫県神戸市垂水区舞子台2-1-1
【開業】1917（大正6）年4月12日（舞子→舞子公園）
【キロ程】11.5km（西代起点）【ホーム】2面2線

西舞子　にしまいこ
【所在地】兵庫県神戸市垂水区西舞子2-6-1
【開業】1917（大正6）年4月12日
（山田→舞子→西舞子）
【キロ程】12.4km（西代起点）【ホーム】2面2線

大蔵谷　おおくらだに
【所在地】兵庫県明石市大蔵八幡町7-10
【開業】1917（大正6）年4月12日
【キロ程】14.3km（西代起点）【ホーム】2面2線

人丸前　ひとまるまえ
【所在地】兵庫県明石市大蔵天神町1-15
【開業】1917（大正6）年4月12日
【キロ程】14.9km（西代起点）【ホーム】1面2線

山陽明石　さんようあかし
【所在地】兵庫県明石市大明石町1-4-1
【開業】1917（大正6）年4月12日
（明石駅前→電鉄明石→山陽明石）
【キロ程】15.7km（西代起点）【ホーム】2面4線

西新町　にししんまち
【所在地】兵庫県明石市西新町3-16-2
【開業】1923（大正12）年8月19日
【キロ程】16.9km（西代起点）【ホーム】2面2線

林崎松江海岸　はやしさきまつえかいがん
【所在地】兵庫県明石市南貴崎町4-1
【開業】1941（昭和16）年5月3日
（電鉄林崎→林崎松江海岸）
【キロ程】18.4km（西代起点）【ホーム】2面2線

藤江　ふじえ
【所在地】兵庫県明石市藤江大塚1701-3
【開業】1923（大正12）年8月19日
【キロ程】20.4km（西代起点）【ホーム】2面3線

中八木　なかやぎ
【所在地】兵庫県明石市大久保町八木道重110-2
【開業】1923（大正12）年8月19日
【キロ程】21.8km（西代起点）【ホーム】2面2線

江井ヶ島　えいがしま
【所在地】兵庫県明石市大久保町江井島字辻鼻837
【開業】1923（大正12）年8月19日
【キロ程】23.5km（西代起点）【ホーム】2面2線

西江井ヶ島　にしえいがしま
【所在地】兵庫県明石市大久保町西島高見800-1
【開業】1923（大正12）年8月19日
（江井ヶ島西口→西江井ヶ島）
【キロ程】24.9km（西代起点）【ホーム】2面2線

山陽魚住　さんよううおずみ
【所在地】兵庫県明石市魚住町中尾出口976-3
【開業】1923（大正12）年8月19日
（魚住→電鉄魚住→山陽魚住）
【キロ程】25.6km（西代起点）【ホーム】2面2線

東二見　ひがしふたみ
【所在地】兵庫県明石市二見町東二見藤寄417-9
【開業】1923（大正12）年8月19日
【キロ程】27.3km（西代起点）【ホーム】3面5線

西二見　にしふたみ
【所在地】兵庫県明石市二見町西二見1481-2
【開業】2004（平成16）年8月21日
【キロ程】28.6km（西代起点）【ホーム】2面2線

播磨町　はりまちょう
【所在地】兵庫県加古郡播磨町南野添3-10-1
【開業】1923（大正12）年8月19日（本荘→播磨町）
【キロ程】29.9km（西代起点）【ホーム】2面2線

別府　べふ
【所在地】兵庫県加古川市別府町朝日町10
【開業】1923（大正12）年8月19日
（別府北口→電鉄別府→別府）
【キロ程】32.2km（西代起点）【ホーム】2面2線

浜の宮　はまのみや
【所在地】兵庫県加古川市尾上町口里789
【開業】1923（大正12）年8月19日（浜ノ宮→浜の宮）
【キロ程】34.1km（西代起点）【ホーム】2面2線

尾上の松　おのえのまつ
【所在地】兵庫県加古川市尾上町今福283-2
【開業】1923（大正12）年8月19日
（尾上ノ松→尾上の松）
【キロ程】35.5km（西代起点）【ホーム】2面2線

高砂　たかさご
【所在地】兵庫県高砂市高砂町浜田町2-1-1
【開業】1923（大正12）年8月19日
（高砂町→電鉄高砂→高砂）
【キロ程】37.3km（西代起点）【ホーム】2面4線

荒井　あらい
【所在地】兵庫県高砂市荒井町扇町20-22
【開業】1923（大正12）年8月19日
【キロ程】38.5km（西代起点）【ホーム】2面2線

伊保　いほ
【所在地】兵庫県高砂市伊保港町1-10-1
【開業】1923（大正12）年8月19日
【キロ程】39.7km（西代起点）【ホーム】2面2線

山陽曽根　さんようそね
【所在地】兵庫県高砂市曽根町入江浜2505-5
【開業】1923（大正12）年8月19日
（曽根町→電鉄曽根→山陽曽根）
【キロ程】41.3km（西代起点）【ホーム】2面2線

大塩　おおしお
【所在地】兵庫県姫路市大塩町宮前2088-3
【開業】1923（大正12）年8月19日
【キロ程】42.8km（西代起点）【ホーム】2面4線

的形　まとがた
【所在地】兵庫県姫路市的形町的形小島東1754-3
【開業】1923（大正12）年8月19日
【キロ程】44.2km（西代起点）【ホーム】2面2線

八家　やか
【所在地】兵庫県姫路市八家前浜1276-2
【開業】1923（大正12）年8月19日
【キロ程】46.2km（西代起点）【ホーム】2面2線

白浜の宮　しらはまのみや
【所在地】兵庫県姫路市白浜町塩辛町甲330-2
【開業】1923（大正12）年8月19日
（白浜ノ宮→白浜の宮）
【キロ程】47.6km（西代起点）【ホーム】2面2線

妻鹿　めが
【所在地】兵庫県姫路市飾磨区妻鹿出口22-6
【開業】1923（大正12）年8月19日
【キロ程】49.0km（西代起点）【ホーム】2面2線

飾磨　しかま
【所在地】兵庫県姫路市飾磨区清水40
【開業】1923（大正12）年8月19日
（飾磨町→電鉄飾磨→飾磨）
【キロ程】50.9km（西代起点）【ホーム】2面3線

亀山　かめやま
【所在地】兵庫県姫路市亀山町高福地208-3
【開業】1923（大正12）年8月19日
（亀山御坊→電鉄亀山→亀山）
【キロ程】52.3km（西代起点）【ホーム】2面2線

手柄　てがら
【所在地】兵庫県姫路市東延末5-62
【開業】1958（昭和33）年8月1日
【キロ程】53.4km（西代起点）【ホーム】2面2線

山陽姫路　さんようひめじ
【所在地】兵庫県姫路市南町1
【開業】1923（大正12）年8月19日
（姫路駅前→電鉄姫路→山陽姫路）
【キロ程】54.7km（西代起点）【ホーム】4面4線

【網干線】

西飾磨　にししかま
【所在地】兵庫県姫路市飾磨区今在家4-98
【開業】1940（昭和15）年10月15日
【キロ程】2.4km（飾磨起点）【ホーム】2面2線

夢前川　ゆめさきがわ
【所在地】兵庫県姫路市広畑区東新町3-148
【開業】1940（昭和15）年10月15日
【キロ程】3.6km（飾磨起点）【ホーム】2面2線

広畑　ひろはた
【所在地】兵庫県姫路市広畑区高浜町1-120
【開業】1940（昭和15）年12月23日（日鉄前→広畑）
【キロ程】4.7km（飾磨起点）【ホーム】2面2線

山陽天満　さんようてんま
【所在地】兵庫県姫路市大津区天神町1-45
【開業】1941（昭和16）年4月27日
（電鉄天満→山陽天満）
【キロ程】5.6km（飾磨起点）【ホーム】2面2線

平松　ひらまつ
【所在地】兵庫県姫路市大津区平松外開256
【開業】1942（昭和17）年3月10日
【キロ程】7.3km（飾磨起点）【ホーム】2面2線

山陽網干　さんようあぼし
【所在地】兵庫県姫路市網干区垣内中町12-5
【開業】1941（昭和16）年7月6日
（電鉄網干→山陽網干）
【キロ程】8.5km（飾磨起点）【ホーム】1面2線